LAURE WYSS
LESEBUCH

Herausgegeben von Hans Baumann
und Elisabeth Kaestli

Limmat Verlag
Zürich

Im Internet
› Informationen zu Autorinnen und Autoren
› Hinweise auf Veranstaltungen
› Links zu Rezensionen, Podcasts und Fernsehbeiträgen
› Schreiben Sie uns Ihre Meinung zu einem Buch
› Abonnieren Sie unsere Newsletter zu Veranstaltungen
und Neuerscheinungen
www.limmatverlag.ch

Das *wandelbare Verlagsjahreslogo* des Limmat Verlags auf
Seite 1 stammt aus dem Buch von Paul Scheuermeier: «Wasser-
und Weingefässe im heutigen Italien» mit Holzschnitten
des Berner Kunstmalers Paul Boesch. Die Ergebnisse der Sprach-
und Sachaufnahmen des Romanisten und Dialektologen
Scheuermeier (1888–1973) für den AIS («Sprach- und Sachatlas
Italiens und der Südschweiz») erschienen im zweibändigen
«Bauernwerk in Italien, der ital. und rätorom. Schweiz»
(1943/1956) mit insgesamt 873 Fotografien sowie 922 Zeichnungen und Holzschnitten von Paul Boesch.

Umschlagbild von Klaus Born (Doppelseite aus einem übermalten Buch)
Typographie und Umschlaggestaltung von Trix Krebs

© 2013 by Limmat Verlag, Zürich
ISBN 978-3-85791-699-1

Inhalt

7 Seeland und das End der Welt
13 *Das ist ein Sommerlied ...*
14 Schuhwerk im Kopf
18 Eine Liebesgeschichte
24 *Meiner lieben Katze*
26 Der Zahnstocher – eine Feriengeschichte
28 Uniquement pour Clément
37 *Und immer die Garonne*
39 Das innere Leuchten der Madame G.
42 Es war ein Freitag, ein 19. September
48 Tante Marthe – ein Leben
62 Königin Barbara
66 *Dezember zu Hause*
67 Eine Frau, ein Mann, ein Hund
70 Die Verweigerung
72 *Das Käuzchen ruft*
73 Und Schweigen legte sich auf Platz und Dorf
83 Keine Erinnerung – nichts
90 *Ich ging den Weg hinunter*
91 Ein Sonntag in San Tommaso
97 Das ist eine lange Geschichte
115 *Der Sonntag*
116 Es muss doch irgendwie weitergehen
127 Der Geburtstag des Kindes
131 *... neben dem Durstenden in der Wüste I*
133 Die Tiefgarage
142 Einbruch in den Juni
152 *Der Tod*
153 Weggehen ehe das Meer zufriert
172 Wie es war – war es so? Biografische Notizen

Zur Auswahl der Texte
Erst nach der Pensionierung als Redaktorin beim Magazin des
«Tages-Anzeigers» 1975 konnte sich Laure Wyss eigenen Projekten zuwenden. Sie begann mit umfassenden Recherchen zu
aktuellen Themen, die sie in Buchform publizierte. Als Beispiel
dafür enthält dieser Band einen Abschnitt aus «Ein schwebendes Verfahren». Mehr und mehr aber wandte sie sich der freien
Literatur zu, sie verfasste Erzählungen, Romane und Gedichte.
Das vorliegende Lesebuch konzentriert sich bewusst auf diese
Phase ihres Schaffens und will durch die Auswahl der Texte
dessen Eigenart aus heutiger Sicht charakterisieren.

SEELAND UND DAS END DER WELT

Plötzlich wölbte sich der Himmel der Kindheit über mir. Ich konnte ihn wahrnehmen in seiner fernen Bläue, er war licht und unbelastend. Er war einfach da.

A. hatte ihn inzwischen vergessen. Sie hatte immer das Gefühl gehabt, sie sei ihm entlaufen, unter ihm weggerannt und sei ihm untreu geworden. Zu viel Ungerades, zu viele Quersprünge habe es gegeben, dachte sie, und so viel Ungereimtes lasse sich nicht anknüpfen an die Tage im Lichte des Sees, an die Wärme eines Kindersommers und die Spiele auf der Laube der Grossmutter.

Jetzt aber war sie für einmal zurückgekehrt, war über die Matte gegangen, an den Haselbüschen vorbei und hatte sich auf die Bank gesetzt am «End der Welt». So hiess das Gasthaus. Es war aber ihr Geheimnis, dass hier wirklich das Ende der Welt war, nämlich alles erreichbare Glück; man musste hier ankommen, um in Vergangenem lesen zu können. Man war geborgen unter den Bäumen am End der Welt. Von hier gings nicht weiter. Nur ein Feldweg führte zurück. Die Holztische waren kräftig gebaut. «Santé», sagte die Serviertochter und stellte die Karaffe mit Rotwein hin. Es war an der Zeit, sich mit dem Mädchen A. auseinanderzusetzen und seinen Fahrten auf dem Velo durchs Juratal. Bitte genau nachdenken, und lass dir nicht zu viel durch die Maschen gehen.

Also A. war, zum ersten Mal seit ihren Jugendjahren, am Ort gewesen, wo sich ihr Elternhaus befand. Sie stand am Gartentor, hielt die Stäbe umklammert und schaute auf das Bernerhaus, das ihr nun viel zu schmal vorkam für seine Höhe. Das Dach, das mehr vorgab, als es hielt, hatte sie schon früher geärgert. Das Gartenhäuschen wirkte schäbig, und zu kleinlich geraten waren ja auch damals die Einladungen, die dort abgehalten wurden, immer hatte es Krach gegeben, bevor die Gäste kamen, die Vorbereitungen waren für die Mutter immer eine Belastung gewesen, gereizt hatte sie uns Kinder und den Vater zur Hilfe angetrieben, nichts als Mühe habe man mit diesem Haus, nur Last und Sorgen. Aber da war noch der Garten, in dem der Vater gewerkelt hatte, der Vater, der so froh war, wenn man ihm half, die Hacke reichte, mit der Baumschere umging, das Unkraut zusammenrechte. Er lobte auch A.s Geschicklichkeit, seufzte aber, dass sie nicht über lange Strecken anhielt, ja, Durchhalten, Ausharren, *persévérance* ist deine Stärke nicht, liebes Kind. Dagegen war A. immer zu haben für Spaziergänge mit dem Hund, schreckte nie davor zurück, im ärgsten Wetter mit ihm im Wald zu laufen. Hatte man die Sonne gespürt, die hell über dieser Landschaft schien? So am Gartentor erinnerte sich A. vor allem an die Gereiztheit der Mutter, an die Ängstlichkeit und ihre ewigen Vorbehalte, wenn die Kinder etwas unternehmen wollten. Die Angst vor den nervösen Ausbrüchen der Mutter lag als schwarze Wolke über den Tagen in diesem Haus. Weg, dachte A. und verstand, dass sie davongelaufen war vor vielen Jahren, aufgebrochen zu eigenen Taten und Untaten. Aber doch noch rasch die Wege zum Waldrand hin, zu den Lebhecken und Mäuerchen; und zum Entzücken, am hellen Wiesenbord den Kalkfelsen wiederzufinden, der zwischen Blumen und Gräsern und Büschen durchbricht. Das gibts nur hier, behauptete A. auch, dass zwischen den Tannen Eichenbäume stehen, das ist das südliche Gehabe dieses Waldes.

Die Besinnung auf der harten Bank im End der Welt wurde unterbrochen. Die Banknachbarin hatte die schwärmerischen Erinnerungen A.s nachvollziehen können, sie liebte diese Landschaft auch, kannte die Linde beim Waschhaus vorn im Dorf, sprach die Sprache des Ortes, wunderte sich aber, dass A., anscheinend hier so verwurzelt, nie daran gedacht hatte, sich ein paar Quadratmeter Grund anzueignen, hier zu wohnen auf dem Erbe, meinetwegen, oder, wie die Schwester, wenigstens ein Ferienhaus zu besitzen für die Kinder und jetzt für die Kindeskinder.

A. schüttelte den Kopf, der Gedanke war ihr überhaupt nie gekommen, war ihr so fremd, wie das Haus der Kindheit ihr fremd und düster war, wie die einengenden Konventionen, die wie eine Haube über Wünsche und Pläne gestülpt worden waren.

Zum Ersticken.

Aber ein Traum hatte A. an den Ort zurückgeführt, wo sie aufgewachsen war und von dem sie sich mit Heftigkeit getrennt hatte, um ein, ihrer Ansicht nach, wacheres und besseres Leben zu finden. (Vielleicht hatte sie alles auch nur aus Neugierde hinter sich gelassen, weil sie neue Länder sehen wollte; und sie hatte geglaubt, man erobere sie sich nur, indem man Bande zerschnitt, ein für alle Mal.)

Im Traum befand sie sich im Innenraum einer Moschee, im Wald der regelmässigen Säulenreihen, Sammlung und Andacht unter der Kuppel. Hier musste man sich auf die Matten niederlassen, um gleich zu sein wie die andern, die Stirn in Verehrung auf die Erde gedrückt; kennte man doch die arabischen Gebete, welche die Gläubigen murmelten! A.s Moschee war ihr im Traum kein Trost, sie musste hinaus auf den Markt, mit vielen andern Menschen, Gassen hinauf und hinab, es war ein Durcheinander, die Richtung ging verloren vor Geschäftigkeit, der Name des Ortes war A. entfallen, einfach abhanden gekommen; dann gingen auch die andern weg, verloren sich im Gedränge, jeder weitere Anschluss schien unmöglich. A. wusste sich nicht anders zu helfen, als in die Moschee zurückzukehren, einen Onyx mit der Hand zu berühren, im Glauben, es sei die Weisheit der Kaaba zu erfahren. Dann sah sie sich wieder draussen, die Wanderin, sie befand sich plötzlich auf dem mittelalterlichen Platz vor der Kirche der Heimatstadt, kannte den Namen des Ortes und wusste, wohin ihre Schritte zu lenken seien.

Der Traum liess etwas aufleuchten vom Glanz der Tage am See. Damals. Wie ein Pfeil vom gespannten Bogen fuhr A.s Erinnerung in den Schilfdschungel am Heidenweg. Im Ruderboot mit Adrien. Das waren verbotene Ausflüge, die A. sich mit List und Lügen ergatterte, Freundinnen vorschob mit Motorbooten, die von Fabrikantenvätern gelenkt wurden; das war passender als mit dem Sohn des Postbeamten aus Erlach an der Sonne zu liegen und zu träumen, Sonne schadet den Nerven, pflegte die Mutter zu sagen, und hat böse Folgen. Natürlich ahnte sie das Küssen im Schilf und die verstiegenen literarischen Träume mit Adrien, der Gedichte schrieb, und in Balladen, extra für Schulaufführungen verfasst, nicht verbarg, dass er in A. verliebt war. Diese verbotenen Stunden auf dem See, diese mit Mahnungen belegten Sommernachmittage schmeckten süsser, waren heftiger, weil sie einen schwierigen Anfang und ein grausames Ende hatten: Zum Nachtessen musste man pünktlich zu Hause sein. Aber eigentlich, A. gibt es zu, war auf dem See alles vergessen, was nicht zur Sonne, dem im Dunst hellblauen Himmel gehörte, zum sachten Plätschern des Wassers an den trägen Kahn. Adrien kannte sich aus, der war am See gross geworden, er handhabte das Ruderboot geschickt, verstand auch, ein selbstgemachtes Segel zu hissen, wenn die Seeluft günstig wehte. Seine Mutter war für diese Unternehmungen zu haben, half mit, tauchte die Vergnügen nicht in den Abrund der Sünden. Sie hatte ein schwereres Leben als A.s Mutter und war heiter. A. konnte nicht fassen, dass in der Wohnung oberhalb des Postbüros nicht nach dem Woher und Wohin gefragt wurde und dass man sich im Sommer vorbehaltslos freuen durfte. Da war auch die Flasche mit dem Saft, die hatte Adrien gut verkorkt, und mit einer Schnur um den Hals wurde sie in kühlere Schichten des Seewassers hinuntergelassen, gelegentlich auch nachgezogen im Schlepp, und Adrien konnte geschickt aus der Flasche trinken und wischte sich den Mund in kurzen kräftigen Bewegungen mit der Hand ab. Es gab nur noch etwas, das schöner war, als im Boot um die Insel zu rudern, in Buchten zu schwimmen und wieder ins Boot zu klettern. Das war die Heimkehr dem See entlang. Adrien besass ein Töff, weil er ja die Schule in der Stadt besuchte und keine Zugverbindungen hatte. A. setzte sich auf den Rücksitz, umklammerte den Freund, und es ging, in wilder Fahrt, so kam es den beiden vor, der Stadt zu. A. wird sich bis ans Ende ihres Lebens daran erinnern, wie sie auf der Durchfahrt mit dem Töff von der heissen Strasse in die kühle Gasse des Weindorfes tauchten, Empfindung des Schattens auf dem Körper, und doch auch schön. Aus den offenen Kellertüren drang der feuchte Geruch der Weinfässer, ein Duft, der hängen blieb zwischen den Häusern. Dann wieder die sonnige Strasse den Weinbergen entlang. Wie viele Nachmittage, wie viele Sommer lang war das so gewesen? Möglicherweise waren es nur wenige Male, aber alles war versunken neben der Fahrt mit Adrien, jede Köstlichkeit eines Seelandsommers gebündelt in einer glanzvollen Stunde auf dem See, im Ruderboot, mit geschlossenen Lidern, durch die das Flimmern des Sonnentages drang. Unendliche Möglichkeiten, grosse Räume taten sich auf, man musste nur warten, nichts tun, alles würde sich eröffnen.

Aber A. war ungeduldig und neugierig. Auf ihren ersten Ausflügen mit dem alten Velo des Vaters – sie musste das noch zu kurze Bein mühsam über die Lenkstange schwingen – war das kleine Mädchen, es regnete und es trug eine schwarze Pelerine, in einer struppigen Hecke gelandet und hatte Mühe gehabt, sich und das Fahrzeug aus den Dornen und Zweigen zu lösen. Später hatte das Mädchen Wege durch Juratäler entdeckt, dorthin begab es sich, wenn etwas schiefgegangen war in der Schule, wenn ungerechte Strafen verhängt wurden, wenn die Stimmung zu Hause unerträglich geworden war. Man konnte sich bei den Steigungen austrampeln, schwer auf die Pedale treten, indem man sich vom Sattel erhob, man schnaufte sich die Seele aus dem Leib. Dann aber die Belohnung mit der Abfahrt, mühelos kam man vorwärts im Gefälle der Sandstrasse, gefährliche Biegungen waren zu nehmen, in denen man nicht zu stark bremsen durfte. Am schönsten die Kombination mit dem Jorat. Man war nach Ligerz gefahren, von dort mit der Seilbahn auf den Tessenberg, dann hinunter in das stille Tal, manchmal in ruhiger, oft in beschleunigt heftiger Fahrt, den Weiden entlang, dem Brunnen, wo der Weg abzweigte auf die Prés d'Orvin. Und in Orvin konnte man sich nur schwer entscheiden, ob man die breite Strasse hinauf nahm heimzu, sie stieg allmählich, und nur im letzten Stück musste man absteigen und das Velo stossen. Die bevorzugte Variante war die Fahrt bis nach Friedliswart und dann durch die düstere Taubenlochschlucht, und die Erleichterung, wenn man am Jurahang wieder in die Sonne kam. Beaudelaire-Gedichte und Gide-Zitate aus dem «Journal intime» als Wegzehrung.

Aber dann eben der Bruch. Die grösseren Freiheiten, die das Fortgehen versprach. Aber da wurde auch Adrien verlassen und der See und das ganze Seeland, das «End der Welt» mit den Picknicks, die immer der Vater organisiert hatte und die gut waren. Das einzig Bekömmliche am Familienleben, so scheint es A. Da breitete sich manchmal eine gewisse Heiterkeit in der Familie aus, man durfte lachen, Unsinn hatte keine Folgen. Ein Verrückter aus den Kindertagen, wir nannten ihn Sali, war mit dabei beim Picknick auf den Studmatten, zwischen den Haselnussstauden, er raste wie eine wild gewordene Lokomotive im Kreise, man liess ihn gewähren, er war ungefährlich, ein Bub, der zum jungen Mann wurde, keine Schule besuchte, sondern einfach verrückt war.

Also A. ging weg aus dem Elend und der Freude. Noch viele Jahre lang fragte sie sich, was wird wohl mit mir passieren, was wird in drei, in fünf, in unendlichen sieben Jahren?

DAS IST EIN SOMMERLIED ...

Wir hörten nicht auf, ihnen zu winken,
als wir wegfuhren, und sie winkten zurück,
die Freunde, unter den Bäumen, welche uns
Schatten gespendet hatten an diesem Tag voller Sonne.

Wir hatten vieles beredet, und wir hatten
auch jener gedacht, die nicht mehr leben,
aber mit uns sind, weil wir uns ihrer
erinnern, ihre Worte beschwören, ihre Gesten wiederholen.

Nichts ist verloren, meine Lieben, wenns gut war
und richtig zur Stunde. Wir schlugen auch Rhythmen,
die uns einfielen, weil sie uns gemeinsam bewegten.
Ach, wer von uns briet den Fisch, wer holte die
Kartoffeln aus dem Feuer? Einer brachte die Teller
für den Kuchen, die andere füllte die Gläser. Mir
war so wohl hier unter den Bäumen.

Einmal sirrte ein Segelflieger über unsere Köpfe,
wir schauten ihm nach, bis er in der Stille verschwand.
Wir schnupperten den Geruch eines Krautes hinter dem Holztisch,
und einmal strich der Wind übers Schilf,
dass es leicht bebte. Nein, die Äpfel sind noch nicht
reif, aber kommt wieder, im Herbst dann. Noch liegt
das Boot auf dem Wasser, wenn ihr die Ruder eintauchen möchtet.

Kein Wort auf der Rückfahrt,
die Sorgfalt des Tages umhüllt uns,
das Glück dauert die Woche:
im Kleinen das Ganze und
in der Hand den Himmel.

SCHUHWERK IM KOPF

Die Mutter mahnte, die Schuhe seien zu schonen. Und «ihr müsst sie gut abputzen, bevor ihr hereinkommt». Sie fragte nie danach, ob uns Kinder die Schuhe drückten, aber energisch war sie gegen zu grosses Schuhzeug, Sandalen zum Beispiel, da wüchsen unsere Füsse zu rasch, das gebe einen groben Gang, unpassend für Mädchen.

Der Vater kümmerte sich nicht um solche Einzelheiten. Er prüfte nur, bevor er uns auf Wanderungen mitnahm – heisse sandige Jurastrassen hinaufschleppte, uns steinige Waldwege hinunterrennen liess –, ob unsere Schuhe taugten. Gutes Schuhwerk gibt Halt, sagte er.

Dieser Satz blieb auf meinen Lebzeiten haften: Halt durch die richtigen Schuhe. Zunächst galt es nun, die unsicheren Wanderungen junger Jahre zu festigen und ihnen Ziel und Richtung zu geben – beschuht oder ohne Schuhe?

Als dann der Aufenthalt der Ausgewanderten in einem nordischen Land durch einen Krieg unsicher geworden war und die dortigen Ausländer mit Evakuation zu rechnen hatten, empfahlen die Konsulate ihren Landsleuten, doch bitte einen Rucksack mit dem Nötigsten drin zu packen, um, wenns so weit käme, sofort aufbrechen zu können. Und es hiess auch, bitte, neben dem Rucksack die solidesten Schuhe parat stellen. Der Hinweis aufs beste Schuhzeug war einleuchtend, wer wusste denn, ob ein Lager für Ausländer nicht noch nördlicher sich befände als die Stadt? Und oft lag ja Schnee auf allen Wegen. Auf jeden Fall: gutes Schuhwerk. Halfs? Als später die junge Frau das Land verlassen musste, per Schiff, trug sie Stiefel, es regnete in Strömen. Der Zöllner entdeckte, dass die Gummistiefel nigelnagelneu waren, Gummiausfuhr jedoch war verboten; da wurde ihr ein Zoll aufgebrummt, der Reisenden konnten die Schuhe ja nicht von den Füssen gerissen werden.

Immer musste es stimmen mit dem Schuhzeug. Diese Forderung prägte sich so fest in den Kopf hinein, dass sie sich auch im Alter unvermittelt meldete, sobald es darum ging wegzugehen. Dabei hatte ich zwischendurch doch längst gelernt, barfuss durchs Leben zu laufen und unbedeckten Haares. Und hatte erfahren, dass diese Gangart sogar zuverlässiger war, wenn es darauf ankam aufzubrechen, um meine Seele zu retten. Und hatte ja auch, kaum dem Land der Kindheit entwachsen, in dem die Art, auf passendes Schuhwerk zu achten, zur Methode geworden war, diese Methode über Bord geworfen und zeitweise sogar passende Schuhe verachtet. Und die Erinnerung daran munter gelöscht, sogar die Erinnerung an den geliebten Schuhmacher, der das Schuhzeug der ganzen Familie geflickt und gesohlt hatte.

Zum Schuhmacher nämlich war das Kind oft gegangen, hatte die geflickten Schuhe abgeholt, die Paare mit den kaputten Sohlen hingebracht. Vor allem musste das Kind immer sagen, auf den Absatz und vorn auf die Schuhspitze bitte ein Eisenplättchen – damit die Abnutzung nicht so rasch vor sich ginge.

Doch die Geschichte des Schuhmachers kommt später. Auch nachdem alle Schuherinnerungen längst vergessen und auf der Strecke geblieben waren, der Schuhmacher sich jedoch auf merkwürdige Weise in meine Träume geschmuggelt hatte.

Zuerst aber eine Szene in alten Tagen, so komisch, weil sie die Beharrlichkeit eines Schuhzwanges im Kopf zeigt.

Es war ein ganz gewöhnlicher Tag, mittags am Küchentisch vor unseren Salattellern, die junge Kollegin und ich planen erfreuliche Zusammenarbeit, wir sind heiter.

Es läutet eindringlich an der Haustüre, der SBB-Ingenieur, der sich mit dem Bau der S-Bahn beschäftigt und deswegen schon mehrmals im Haus war. Mit betont ruhigen Gesten und gedämpfter Stimme beschwört er die herbeigeeilten Bewohnerinnen, ja nicht in Panik zu geraten, aber sofort das Haus zu verlassen mit der Handtasche, vielleicht sei auch die Zahnbürste einzupacken, es bestehe Einsturzgefahr. Ein Teil des Gartens sei schon in den neu erstellten Tunnel der Bahn gesunken, der Trichter vergrössere sich langsam, aber stetig, das Erdreich riesele hinunter, die Gartenlaube gebe es nicht mehr, die Wurzeln des grossen Baumes seien bald freigelegt, es sei zu befürchten, dass die Mauern des Hauses sich neigten. Ruhig bleiben, bitte keine Aufregung.

Die schöne Nachbarin vom zweiten Stock lächelte und sagte: «Ich kann jetzt aber noch nicht raus, ich bin noch nicht geduscht.» Etwas dramatischer die Dame von weiter oben, sich und uns besänftigend: «Es ist ja wie im Krieg, nur ist zum Glück niemand an der Front.» Ich sagte nichts, mich durchfuhr aber blitzartig der Gedanke: «Pech, gerade jetzt passierts, wo ich soeben meine guten Bergschuhe verschenkt habe.» Derart festgesetzt hatte sich die Notwendigkeit eines tauglichen Schuhwerks in Zeiten der Gefahr – Schuhzwang über die Dauer eines langen Lebens.

Es war wirklich zum Lachen und nicht ganz ernst zu nehmen. Das Haus rutschte dann nicht in den Tunnel runter. Die Risse in den Mauern zeigten sich später.

Aber es schien schon höchste Zeit, sich endlich mit Schuhmacher Oswald zu beschäftigen und damit, welche Rolle er in meinen Träumen übernommen hatte.

Damals: Gleich neben der Station der Drahtseilbahn, auf dem Heimweg von der Schule, da wohnte er. Man betrat seine Boutique durch die Scheune eines Bauernhauses. In meiner Erinnerung sprach er französisch, aber vielleicht stimmt das gar nicht. Ich verwechsle ihn jetzt oft mit meinem Onkel Oswald, der ein Welscher war, aus dem Jura, den hatte ich eben auch sehr gern, er sass so ruhig an seinem *établi* wie der Schuhmacher an seiner Werkbank. Beide Oswalds hatten kurzgeschnittenes schwarzes Haar, beide kamen mir immer schwarz vor, vielleicht auch, weil ihre Blicke das Kind dunkel und sehr freundlich trafen. Mein *oncle* Oswald war Bijoutier, und er rückte die Lupe vom Auge auf die Stirn, wenn man eintrat, der Schuhmacher Oswald legte seinen Hammer auf die Bank, mit dem er soeben kurze Nägel in einen Schuh geschlagen hatte, stand von seinem niederen Hocker auf und ging zum Gestell, um dem Kind das frisch gesohlte Schuhpaar mitzugeben.

Es war aber nicht mein Onkel Oswald, es war eindeutig Schuhmacher Oswald, der als eindrückliche Gestalt auftrat, zeitweise, in den Träumen. Zuerst erkannte ich ihn nicht. Er hatte seinen Beruf gewechselt. Er sass still hinten im Boot, er führte das Ruder. Die Fahrt ging über schwarze Wasser, das ängstigte aber nicht, weil unser Fährmann so sicher und zuversichtlich dreinblickte. Wir Leute im Boot wussten, dass uns dieser Fährmann übersetzte ans Ufer des Todes. Das hatte nun alles seine tiefe Richtigkeit, die gelenkte Fahrt gehörte dazu und wurde so gewichtig, weil ein Ende voraussehbar war. Nichts anderes zählte von jetzt an, als sich dem Boot mit diesem Fährmann anzuvertrauen. Denn der Fährmann wusste alles, er lenkte die Fahrt durch Unbekanntes, er würde den Landeplatz finden. Das kümmerte uns aber nicht sehr. Er schaute in die Ferne, er am Ruder, er blickte uns gar nicht an. Aber ich wusste, nichts Unsinniges würde mir zustossen. Alles konnte man der Bootsfahrt überlassen mit diesem wissenden Steuermann. Es war schon ein bisschen dunkel auf diesem Fluss, aber es störte mich nicht. Da war ein Lenker, der wusste, weil er so viel gelernt und geübt hatte. Er blickte in die Wahrheit und würde sie uns sichtbar machen. Dazu waren Schuhe nicht mehr wichtig.

EINE LIEBESGESCHICHTE

«Bimba, bimba, non piangere!»
Giacomo Puccini: «Madama Butterfly», 1. Akt

Es war Anfang Dezember und sehr kalt. Die Buchten des Sees, an dem die junge Frau nun wohnte, waren zugefroren, und es lag Schnee bis weit hinaus, wo man eine Fahrrinne vermutete; derart, dass die junge Frau auf ihren Spaziergängen, wenn sie von einer mit Kiefern bewachsenen Anhöhe zur andern stapfte, nie auf etwas anderes blickte als auf weisse, weite Flächen. Es waren die kurzen Stunden der milden nordischen Helle und der weichen Schatten; eine Sonne warf sie, die sich nur um einen Drittel des Himmels über dem Horizont erhob. Mitten am Nachmittag fiel schwer die Dunkelheit über alles, und sie sass dann wie erstarrt in der halbleeren Zweizimmerwohnung; ihre Sachen war noch nicht angekommen.

Ein Flügel, der den grossen Raum halb füllte, wurde erst abends gespielt, wenn ihr Mann nach Hause kam, meistens mit Freunden, die er gern begleitete. Dann gab es ein Bett, aus dem man zwei machen konnte, eine Küche, die wie ein Labor funktionierte, und der kleine Eingangsraum hiess in der fremden Sprache «tambur». Sie wusste noch nicht viele Wörter ihres neuen Landes, und wenn sie sich in den Bus setzte, um aus der Siedlung in die Stadt zu fahren, hörte sie auch keine, denn keiner sprach. Keiner sprach mit ihr, und auch unter sich redeten die Leute nicht. Es war ein Fehler der jungen Frau, dem Buschauffeur guten Tag zu sagen.

Zu welcher Wohnung, zu welchem Gesicht gehörte wohl die Stimme, die zum Hin und Her des Staubsaugers aus Humperdincks «Hänsel und Gretel» unbekümmert Melodien trällerte? Das Treppenhaus lebte dann plötzlich auf. Sonst hörte man nur hie und da eine Leitung knacken, oder jemand klopfte vor der Haustür seine Skier aneinander, wenn er vom Langlauf nach Hause kam.

So vergingen die Tage in ihrer Eintönigkeit. Die junge Frau war zu schüchtern, ihrem Mann zu erzählen, wie gelähmt sie sich im neuen Land fühlte, oder ihn zu fragen, wie sie sich zu benehmen hätte, um nicht aufzufallen und doch mit andern Menschen ins Gespräch zu kommen. Die Winterstarre hatte sich auf ihrer beiden Worte und ihre Bewegungen zueinander gelegt,

Sie erschraken beide, als sie am 13. Dezember, dem Lucia-Tag, mit schmetterndem «Santa Lucia» geweckt wurden. Sie dachten nicht im mindesten daran, dass die Lichtkönigin vor ihrer Wohnungstür stünde und bei ihnen Einlass wünsche. So viel nämlich wusste die junge Frau, dass die Schönste und Jüngste einer Familie an diesem Morgen allen andern Kaffee ans Bett zu bringen und sie mit Gesang aufzuwecken hatte. Die schöne Stimme hörte nicht auf mit ihrem lauten Gesang, und als sie ihre Türe nun doch ein wenig aufmachten, stand, den Lichterkranz im aufgelösten Haar, eine ältliche, sehr hässliche Frau vor den jungen Leuten und verschaffte sich singend Einlass, um ihr Tablett mit Kaffee und Pfefferkuchen auf den Tisch stellen zu können. Wer war die unschöne Unbekannte, die sorglos das Mietshaus aufweckte und den Fremden den Anblick einer dicken Person im weissen Nachthemd aufzwang?

Es war der erste von vielen Besuchen der Schottin, einer Sängerin, die ein merkwürdiges Schicksal an das nordischstarre Ufer gebracht hatte. Die junge Frau erriet aber sofort, dass die heftige schottische Dame aus eigenem Antrieb sich diesen Wohnsitz gewählt hatte. Die Hauptstädte Mitteleuropas waren ihr wohl zu aufregend geworden, zu angreifend. Vielleicht hatte sie auf Bühnen und in Salons zu viele Verstrickungen erfahren, vielleicht wollte sie ihre eigenen Tonleitern und Triller in langen Winternächten überdenken, sich selber Eis auflegen. Es war wohl zufällig, dass die ältliche Dame die jungen Fremden nicht ihrem Fremdsein und dem Eingehen in die hiesig so gedämpften Konventionen überliess, sie aufweckte mit Santa Lucia und heissem Kaffee und den selbstgebackenen, dünnen Pfefferkuchen. Ihr gesangliches Eindringen ging weiter, der Flügel schien die Sängerin doch zu interessieren; bald kam sie mit Noten. Höhepunkte des schottischen Auftretens aber waren die Spinnerinnenlieder von den Hebriden. Sie sang sie leise im Dialekt ihrer Heimat; und der innigen Interpretation dieser Volksweisen konnte sich keiner der wechselnden Zuhörer in der Wohnung des jungen Paares entziehen. Manchmal sassen viele um die singende Schottin herum, klatschten Beifall und wollten immer wieder eine neue Melodie hören. Keinen störte es, dass die vehemente Dame für ihre Darbietungen jedes Mal ein Spinnrad mitschleppte, den Wollfaden fein spann und das Rad, mit dem Fuss antreibend, flink drehen liess; dass sie jedes Mal ihren Leib in die Tracht zwängte, die von Frauen auf den Hebriden getragen wird; das stark ergraute krause Haar drängte sich aus dem Häubchen und fiel knapp über die breiten Schultern.

War die junge Frau eine besonders aufmerksame Zuhörerin? Oder wie kam es, dass die auffallend hässliche Schottin – die sich auch im Bus, der vom modernen Quartier stumm in die Stadt fuhr, laut und unbekümmert benahm, sogar ihr Strickzeug hervorzog, wenn es ihr passte, mit ihren Nadeln in die Fahrstille klapperte –, dass sie die junge Frau in ihr Vertrauen zog und ihr keineswegs Abenteuer eines bewegten Lebens erzählte, sondern sich einzig der Geschichte ihrer grössten, wie sie sagte, ihrer einzigen, ihrer tiefsten Liebe erinnerte und sie preisgab? Sie hatte ihren Liebhaber nie zu Gesicht bekommen, aber sie wusste, dass auch er sie geliebt hatte und dass ihre Stimmen sich vermählt hatten in alle Ewigkeit, nämlich vorübergehend.

Nicht nur weil es für eine englisch-schottische Familie in den Jahren vor dem Ersten Weltkrieg Mode war, nach Frankreich ins Bad zu fahren, unternahmen die Eltern der auffallenden Schottin jährlich im Sommer eine Reise nach Aix-les-Bains, sondern der Gesundheit wegen, denn das schottische Klima tat den Gliedern nicht gut. In diesem guten, angenehm warmen französischen Sommer 1913 legte das Paar Wert darauf, dass ihre Tochter sie begleitete. Sie hatte ihr Gesangsstudium mit solcher Heftigkeit betrieben, und nun auch anstrengende Bühnenauftritte hinter sich, dass sie krank geworden war. Der Arzt drängte auf Ausspannung und Erholung, und die temperamentvolle junge Dame liess sich erweichen, eine Kur zu machen. Sie war brav, sie war 23 oder 24 Jahre alt, und sie tat alles, um an einer glänzenden Zukunft weiterzubauen.

Natürlich langweilte es sie, sich nach Anweisungen des Kurarztes jeden Morgen vom Hotel aus in die Kuranstalt zu begeben – ihre Eltern traf sie erst beim Mittagessen – und zwanzig Minuten ruhig in der Badewanne zu verbringen. Die Kabine in der grossen Halle war oben offen, man hörte Geräusche von andern Badenden. Die junge Sängerin dachte wehmütig an ihre Partituren, sie fing an zu trällern. Vielleicht erinnerten sie die dienenden Bewegungen der Badefrau an die Sklavin Aida? So unpassend es auch war, das Badehaus in Aix-les-Bains zur Bühne für Verdis Dramatik werden zu lassen, sie fühlte sich am Ufer des Nils, eingeschlossen in der Kabine wie im Grab, und leichthin kam «In questa tomba» über ihre Lippen, leise erst, dann bestimmter und genauer, fortgetragen vom Ton der traurigen Arie. Und plötzlich, leise und tastend, dann lauter werdend, fiel die Stimme des Radamès ein mit «Morir! sì pura e bella!», einfach so, von Kabine zu Kabine. Es war ein vergnügliches Erschrecken zweier sich suchender Stimmen, die sich dann aber fanden in «O terra, addio!».

Welcher Sänger war wohl hier zu Gast, welche Berühmtheit, welcher Bühnenname? Die junge Schottin verliess aufgeregt das Badehaus, vergass dann aber rasch das merkwürdige Erlebnis. Bis zum nächsten Tag, während ihrer Badestunde, versuchsweise trällerte sie wieder, die Antwort kam sofort. Sie sangen. Und so jeden Tag neu und immer wieder, einmal aus ferner, einmal aus naher Kabine, einmal fing sie an, einmal er, ausprobierend, ob der andere mitmache. Gesang und Widergesang. Bellini und Donizetti, auch Puccini: Carlo rief nach Linda, es versöhnten sich Amina und Elvino, Violetta folgte Alfredo im Trinklied, Pinkerton heiratete Madama Butterfly, Duette der Liebe. Allmählich lernten diese sich fremden Badenden ihre Stimmen immer besser kennen, sie wussten jeden Tag mehr über ihr Können und ihre Vorlieben, und sie waren davon betört. Es gab allmählich keine Grenzen mehr und keine Störung, der eine ging auf den andern ganz ein; es waren nicht mehr die Rollen, es war nicht der Inhalt von «Ti amo, tesoro mio», es war nicht der Tod und das Ende und kein Abschied, es war jeden Morgen neu die Bereitschaft, zusammen aufzusteigen in die Schöpfung musikalischer Eingebungen. Welche Rücksichtnahme, welch' neue Zärtlichkeiten.

Die Stimmen wurden sicherer und auch lustiger. Und kühner in der Wahl. Jetzt, zurückblickend, hatte die schottische Sängerin, welche die Farbe ihres Clans trug, das Gefühl, dass singend in Aix-les-Bains ihr alles möglich gewesen war, sie alles hatte singen können. War zunächst sie es gewesen, welche die ersten Töne sang und die Oper aussuchte und die Szene der Duette, wurde er mit der Zeit fordernder, verstieg sich in Abgelegenes, ging neue Wege, und sie folgte entzückt.

Immer wieder aber, so meinte sie, fanden sie dann zurück zu ihren Lieblingsmelodien, zu Verdi, zur Schlussarie der Aida und des Radamès. Noch im Augenblick ihres Berichtes hatte die Schottin Sinn für die Komik der Situation, eingeschlossen in der Kabine einer grossen Halle, im Thermalwasser liegend oder in warme Tücher gewickelt, in stimmlicher Umarmung. Die gute Akustik des hohen Raums entging ihnen nicht, sie nützten sie aus für ihren Belcanto, und sie wussten auch, dass sie ein folgsames Publikum hatten. Vereinzelt wurde Beifall geklatscht. Während die junge Dame immer dieselbe Kabine benützte, tönte die Stimme ihres Liebhabers einmal von nahe, dann von ferner, einmal von der linken, am nächsten Morgen von der rechten Seite.

«Wann haben Sie ihn endlich kennengelernt?», drängte die Zuhörerin.

«Ich habe ihn nie gesehen, natürlich habe ich ihn gesucht, jeden Tag heftiger gesucht. Ich zwang meine Eltern zu immer neuen Spaziergängen durch den Park, ich weigerte mich, mit ihnen Ausflüge zu machen, ich versuchte sie mit allen Mitteln zu überreden, die Anlagen um das Badehaus nicht zu verlassen, noch einen Rundgang um den Springbrunnen zu unternehmen, noch den Schatten jener Bäume aufzusuchen. Wir sassen stundenlang auf den Sesseln, die in freier Anordnung an den Spazierwegen aufgestellt waren, kein Konzert des Kurorchesters im erhöhten Pavillon durfte verpasst werden. Und ich fasste jeden ins Auge, ob er die Stimme sei, die ich allmählich so gut kannte. Und liebte, über alles liebte.»

Es wurde ihr allmählich deutlich, dass sie nicht gleichermassen gesucht wurde. Es war klar, dass der Mann ihr auswich. Kein Blick eines Unbekannten streifte sie, kein abtastendes Abmessen im Speisesaal. Der Partner wollte die Intimität nicht brechen, diese einmalige Nähe.

Es sollte also nichts werden aus dieser Liebesgeschichte, kein Anfang und kein Ende?

Die junge Frau war enttäuscht. Sie stand am Anfang einer Liebesgeschichte, so glaubte sie, sie hatte für den Partner ein neues Land aufgesucht, und bald, Ende April, würde das Eis schmelzen. Sie wusste noch nicht, dass sich allmählich die Wasserlachen auf den nun blanken Eisflächen vergrössern würden und dass in diesem Norden die Eisschicht ganz plötzlich und mit leisem Krachen sinkt. Man erwacht am Morgen und weiss, etwas Gewaltiges ist geschehen. Die junge Frau öffnete weit das Fenster ihrer Wohnung: Durch die rötlichen Kiefernstämme schimmerte dunkel das Wasser und bewegte sich.

«Es war die grösste Liebe meines Lebens, es war reine, übermächtige Erfüllung», sagte die alte Schottin, nun nicht mehr hartnäckig, sondern leise.

MEINER LIEBEN KATZE

Ihr entging nichts, dem Wildtier.
Falsche Gefühle erkannte sie sofort,
sie brach den Dialog ab.
Natürlich verübelte ich es ihr, dass sie ging,
vom Bett weg,
wenn einer krank war von uns und fieberte.

Erst wenn die Gefahr vorüber
schleckte sie ihre Pfoten
wie zufällig auf der Bettdecke
als wäre sie nie untreu und verschwunden gewesen.

Dass meine Ahnungen nie hinreichten –
aber ihre gab sie uns, schonungsvoll freilich,
gern zu verstehen.
Die Überlegenheit lag in ihren Bewegungen:
So schlich sie den Vögeln nach
im Garten
und scheute sich nie ihrer koketten Begierden.

Katze du Luder
wenn du Junge hattest
tatest du heilig
und gabst dich mit Würden
trugst die Kleinen über die Treppe aufs Gras
wenn sie nicht mehr blind waren und nicht mehr
aussahen wie kleine Ratten;
erst wenn das Fell glänzte
wurden sie der Märzsonne gezeigt.

Was störte wurde weggejagt
mit Tatzenhieben, wenn nötig,

etwa der Kater, der sich durch den Hag interessierte,
war es nicht seine Brut auch?
Nichts zu machen, die Mutter war
Herrscherin über dem Ganzen. Und stolz.

Wenn es ihr passte, der Katze,
uns auf dem Weg von Zimmer zu Zimmer zu liegen,
hoben wir die Beine wie Störche.

Hätte ich Rücksicht genommen
auf die Gefühle des Katzenluders,
das Hosenbeine umstrich,
nach Geruch auswählte oder missachtete,
wenns für die Familie falsch war.
Ihre Nase roch sicherer
als der Sittenkodex und meine zerquälten Sympathien.

Katze, du zehnfaches Luder,
keinen Genuss hast du dir entrinnen lassen.
Und als dein Altersschlaf
bevölkert war von Träumen früherer Taten,
fauchtest du, knurrtest du oder entblösstest
die Zähne
siegesbewusst noch jetzt und erfreut
oder zornig
auch hinterher.

**DER ZAHNSTOCHER - EINE FERIEN-
GESCHICHTE**

Als wir uns setzten, entdeckte ich unter meinem Stuhl ein Messer, ein hübsches Messerchen, perlmuttern, weiss, zierlich – wie es sich erwies, als ich es aufhob, um es dem Kellner zu übergeben. Bei ihm würde sich der Besitzer melden, sobald er seinen Verlust entdeckt hätte. «Was, so ein handliches Messerchen, das Ihnen ausserdem wohlgefällt, das behalten Sie doch», meinte die Frau des bernischen Pfarrers. Also wars kein Diebstahl, keine Aneignung fremden Besitzes, vielmehr ein christlich abgesegneter Fund, als ich das Perlmutterne in meine Tasche gleiten liess.

Von jetzt an kam es überall mit, das Messerchen, ich konnte nicht mehr auskommen ohne seine scharfen Klingen, sein Scherchen, seine winzige Pinzette und seinen Zahnstocher aus Horn. Ich steckte das kleine Messer ins Aluminiumköfferchen zum Handwerkzeug, zu den Kugelschreibern und Bleistiften und den Papieren, als ich ins westliche Frankreich in die Schreibferien fuhr. Der metallene Koffer sollte das Arbeitsmaterial vor jeder Unbill einer Reise schützen – eine Illusion, die am Ufer der Vienne, auf dem Parkplatz einer Herberge, zerplatzte, als Diebe die Touristenautos aufbrachen, nach Checks und Devisen suchend. Ihnen fiel das Köfferchen auf, sie nahmens mit. Die Polizei war rasch am Ort, schrieb, notierte, ich Geschädigte auf den Posten, Klage wegen entwendeten Arbeitsmaterials. Gegen unbekannt. «Sie werden das Köfferchen wegwerfen, wenn sie nichts Nützliches darin finden», tröstete der Kommissar, «vielleicht hinter eine Hecke.» Der Hecken in Frankreich gibts viele, ich schritt die nächsten ab, guckte hinter Stauden und Büsche, nichts leuchtete metallen auf.

Verluste sind hinzunehmen, was bleibt einem anderes übrig. Ich kaufte neue Stifte, ich beschrieb neues Papier, doch das perlmutterne Messerchen unersetzbar, bis – ja bis ein Strassenwischer der Stadt Bellac im Limousin frühmorgens in einer zu kehrenden Strasse mein Köfferchen fand. Und dieses, samt Inhalt, nach vielen Erkundigungen, Telefonaten, Umwegen – im Herbst jener Sommerreise – unversehrt in meiner Stube stand. Ich breitete seine Unordnung zur Ordnung, setzte die zerwühlten Mappen zusammen, die Stifte waren schreibbar, das Messerchen fehlte nicht. Ich wusch seine Klingen, zog die Pinzette heraus, wollte auf der Gegenseite nach dem Zahnstocher greifen – er fehlte. Der Kleine aus Horn – nicht mehr da. Wo war er geblieben? In den Zähnen der Diebe, die saubere Diebe waren? Oder literarisch angeknabberte, denen in dieser Stadt Jean Giraudoux' Einakter über den Schönen, den Apollo von Bellac, durch den Sinn fuhr und die sich verschönern wollten, wenigstens im Gebiss, mithilfe des Hörnernen? Fehlt den Ärmsten jene Agnès, die jedem, den sie trifft, ins Gesicht sagt «Sie sind schön, mein Herr», so dass jeder sofort zum Apoll wächst? Mein Kleiner als Ersatz für Komplimente? Nie werde ich mir den Verlust meines kleinen Zahnstochers im kleinen Messer erklären können, und so gerate ich in immer grössere Zweifel, verfange mich in immer neuen Fragen. Er beschäftigt mich ununterbrochen, mein Zahnstocher, mein vermisster.

UNIQUEMENT POUR CLÉMENT

Er musste bremsen, wenn er in den Hof fuhr. Er kam immer in voller Fahrt die Allee herangeradelt, bog dann etwas nach links ab gegen das Wohnhaus hin, beim Bremsen knirschten die Räder auf dem Kies. Er lachte. Das gleiche Lachen wie vor drei Jahren, als ich ihn zum ersten Mal in kühnem Schwung auf dem Hof hatte ankommen sehen. Inzwischen war er neun geworden; die Beine länger, seine Fahrgeschwindigkeit höher, aber auch das gefährliche Einmünden in den Kiesplatz, wenn das Rad sich querlegte, fing er geschickter auf. Obschon er es sich nicht anmerken liess, hatte ich Clément im Verdacht, dass er dann sein Manöver besonders kühn anlegte, wenn er mich am Fenster des kleinen Hauses am Ende des Hofs glaubte. Es war Zufall, dass ich vom Lesen aufschaute, denn der Bub kam zu unregelmässigen Zeiten aus der Schule oder der Klavierstunde nach Hause. Bevor ich ihn hörte, bemerkte ich Clément meistens schon dann, wenn er, eine ferne kleine Gestalt, am Ende der Allee zwischen den Flügeln des weissen Holztores auftauchte. Das Tor stand immer offen, vorher auf der Strasse war er nicht sichtbar, sie war verdeckt von hohen Büschen. Ich bildete mir ein, der Knabe atme jedes Mal auf, wenn er den Heimweg geradlinig vor sich sah, die übrige, die fremde Welt hinter dichtem Gebüsch lassend. Er rede nie, draussen, sagten die Eltern lachend zu mir. Das war am Anfang, als ich meinen ersten Sommer hier verbrachte.

Wie kam es, dass er allmählich auch zu Hause nicht mehr redete?

Wir kennen unsern Jüngsten nicht, sagten die Eltern, als ich ein anderes Mal ins kleine Haus zog und mich im grossen nebenan nach den Kindern erkundigte, die mir vertraut geworden waren. Vielleicht äussert er sich Ihnen gegenüber, wenn Sie ihn auf Ihre Spaziergänge mitnehmen?

Nie jedoch würde ich unsere Geheimnisse preisgeben. Wir

führten kaum ein Gespräch, der kleine Clément und ich, aber wir waren oft zusammen unterwegs. Er sprang vor oder blieb hinter meinem Schritt zurück, um aus unerwarteter Richtung plötzlich dazustehen; wie sein Hund, der uns immer begleitete, lief er die Wegstrecke zwei-, dreimal. Ich musste dann jeweils erschrecken und mich wundern, woher er denn nun wieder käme, und sagen, ich hätte ihn vermisst, ich hätte ihn suchen wollen. Das tat ich nie, auch wenn er lange wegblieb, denn er bewegte sich sicherer im Gelände als ich, kannte alles, beurteilte mit raschem Blick jede Gefahr. Er glitt nie aus, wenn er das steile Bord zum sumpfigen Wasser hinunterkletterte, um ganz unten eine Blume zu holen. Er gab sie mir wie nebenbei, aber triumphierend. Er kannte die Vogelstimmen, er fand einen Baum schön, das Feld gehörte ihm, und den hohen Abendhimmel schien er sich mit leichter Gebärde in seine Hosentasche zu stecken. Aber er erzählte nie etwas. Ich fragte ihn auch nicht, weder nach der Schule noch seinen Kameraden noch danach, wie es im Krankenhaus gewesen sei, als er, erst vier Jahre alt, monatelang mit gebrochenen Gliedern dort hatte liegen müssen. Ein Ast war abgebrochen, als er zuoberst auf einem Baum sass, der Kleine war hinuntergestürzt und hart auf den Kies geprallt. Er kletterte immer noch flink auf Bäume, aber beim Gehen drehte er die Füsse einwärts, er hinkte leicht, ein Hüftleiden war ihm geblieben.

    Und unser Meerspaziergang, damals, im ersten Sommer. Das Kind springt über den Sandstrand. Vorwärts, zurück zu mir, Querläufe. Das Kind tänzelt. Nun scheint ihm etwas einzufallen. Es eilt voraus, kniet nieder, verdeckt mit seinem schmalen Körper, was es tut, dann, als ich auf seiner Höhe angelangt bin, richtet es sich auf und zeigt, was es mit grossen Buchstaben in den Sand gezeichnet hat. Seinen Namen. Ich muss ihn lesen, ihn aussprechen, ihn als richtig erklären, ihn noch einmal laut sagen: Clément. Noch einmal, in hüpfenden Schritten voraus, mit dem Zeigefinger schreibend. Ich finde wieder den Namen des Kindes. Seinen Namen. Hier am grossen

Meer, im feuchten Sand festgehalten: Clément. Viele Male. Doch jetzt sehe ich seinem Vorwärtsstreben an, dass ihm etwas Neues eingefallen ist, es folgen, in kurzen Abständen, die Namen derjenigen, die ihm nahe sind, zuerst die der beiden Brüder, dann «Mama» und «Papa» und «die Grossmutter». Das Kind beschwört seine Familie wie eine Festung, die ihn schützt. Jetzt, mit listigem Gesicht, deckt er drei grosse Lettern auf: «ICH». Ich lese und spreche laut aus: ich. Das steht nun fest. Ich mitten drin. Ist die Welt abgerundet und gut? Von jetzt an kann das Kind, gesichert, ausschweifen und mit seinem Wortschatz neue Richtungen einschlagen.

Der Knabe fliegt, ich muss meine Schritte beschleunigen, um immer atemloser zu lesen, was er in seinen Bannkreis zieht: «das Meer», «der Sand», «die Muscheln», «die Fische», «die Netze», «die Austern»; dies ein schwieriges Wort, und das Kind mustert mich, ob vielleicht ein Akzent falsch gesetzt sei? Nach den «Hügeln», dem «Himmel» und den «Sternen», der «Sonne» und dem «Mond» fängt das Kind an zu kommentieren. So lese ich, als wir uns dem Ende der Bucht nähern, den kleinen Satz «es ist schade». Wir rufen jetzt den Hund herbei, wir müssen umdrehen, zurückkehren, es ist Zeit. Noch einmal bückt sich das Kind und schreibt, diesmal mit der Hand, das Wort «Ende».

Aber gleich danach jubelt es: «Jetzt werden wir alles noch einmal lesen, wir werden rückwärts lesen, was ich geschrieben habe, können Sie Wörter lesen, die auf dem Kopf stehen?» Ein paar Schritte zurück, wir lesen «es ist schade», das Kind lacht, aber dann ist nichts mehr zu finden. Keine Schrift im Sand. Das Wasser ist, für uns unmerklich, gestiegen, und die Wellen haben unser Buch überspült. Ausgelöscht. Das Kind ist nicht traurig. Es sagt: «Das Meer hat meine Wörter genommen.» Wir suchen nach Schriftspuren, vielleicht ist noch ein Endbuchstabe sichtbar? Das Kind bleibt nun auf meiner Höhe und passt sich meiner Gangart an. Es ist nicht mehr neugierig. Ich schlage vor, dass seine Wörter vielleicht mit dem Atlantik nach Amerika gespült werden? Das Kind, mit grosser Gebärde: «Weit weg.» Ihm ist nichts verloren, es fühlt sich allmächtig, es sagt: «Ich kann meine Wörter auch mit dem Wind schicken. Durch die Luft. Ich kann alles.»

Wir gehen jetzt gegen den aufkommenden Wind mühsamer über den Strand, und gebeugt. Der Hund trottet hintennach, müde vom Laufen.

Ich habe viele Ausflüge gemacht mit Clément. Nie erzählte er etwas, und doch hat er vieles aufgedeckt. In den folgenden Jahren, jeden der Sommer, sah ich ihn über den Hof schlendern oder springen oder sich rasch davonmachen. Er wurde nun aber oft zurückgerufen, dann wohl, wenn er wegschleichen wollte, bevor die Schulaufgaben gemacht waren. Frühmorgens wurde ich meistens mit dem scharfen Ruf seines Namens geweckt, wenn der Vater zur Eile drängte, die Brüder schon im Auto sassen, das alle zur Schule fuhr, der Kleine aber sich verspätete. Er war immer der Letzte. Und immer hatte er etwas vergessen, die Schulmappe, die Jacke, die Turnschuhe. Gegen den Herbst hin, so kam es mir vor, verschärften sich die Rufe, wurden immer schriller. Zurechtweisungen hallten über den Kies, immer in Verbindung mit Clément, den man sich milde gewünscht hatte, der nun aber seinem Namen nicht nachzuschlagen schien.

Allmählich schien schon in der Betonung seines Namens ein Vorwurf zu liegen. Warum sammelte der zerstreute Knabe alles auf sein unglückliches Haupt? In jener Zeit erzählte mir sein Vater, zufällig, dass er sich in diesem Landstrich nicht wohl fühle, seine Karriere habe in Paris angefangen, nur seiner Frau zuliebe sei er ins schöne Haus hier gezogen, seine Aussichten, es als Jurist hier zu Erfolg zu bringen, seien immer geringer. War wegen enttäuschter Hoffnungen, die niemand beim Namen nannte, Unfrieden ausgebrochen? Jeder schrie und schimpfte: «Clément!»

Dann schrie dieser zurück. Dafür hatte er keine Wörter, er brüllte wie ein Tier und schlug um sich, wie man mir mitteilte, entsetzt über derartige Ungebärdigkeiten. Im Hof blieb er stumm, er tobte im Haus, wo er wohnte. Sofort wurde das Küchenfenster geschlossen. Nur einmal war ich Ohrenzeuge, wie sein Schreien in ein ohnmächtiges Schluchzen überging. Clément komm, Clément lauf nicht weg, Clément hier, Clément dort. Nun gaben ihm auch die Brüder scharfe Befehle, wenn sie auf dem Hof Fussball spielten. Clément war immer dort, wo man ihn nicht haben wollte. Er schwänzte die Klavierstunde, und wenn er bei der Grossmutter nebenan üben sollte – es war im Sommer, als Schumanns «Frühes Leid» an der Reihe war –, sass er verstockt und konnte keine einzige Note mehr. Zum ersten Mal fiel mir auf, dass Cléments Augen nicht dunkel waren, wie ich geglaubt hatte, sondern schattiert, von hellem Braun zu Grün wechselnd; leuchteten sie, nahmen sie die Farbe des Meeres an, aber immer öfter waren sie jetzt dunkel verhängt. Rannte er jetzt über den Hof, hörte ich den Schritten an, dass alles an ihm fahrig geworden war. Ich unterschied nun auch die Schritte des Vaters auf dem Hof, er ging immer rasch, bohrte aber seine Absätze vorwurfsvoll in den Kies, so dass ich vom Lesen aufschrak und mich beim Gedanken ertappte, was ich wohl Falsches gemacht hätte? Die Schritte der Mutter – sie war schön, und sie hiess Marie – erschienen mir zögernder als früher, manchmal schleppend, als ob die Frau eine Last trüge und nicht mehr vorankäme. Schaute ich aber über den Hof, hatte Marie leere Hände.

Die Schritte auf dem Kies waren trennende Schritte geworden. In diesen Wochen verstummten auch alle Zurufe zwischen unsern Häusern, die Fenster waren meistens geschlossen. Ich verriegelte nachts die Türe. Die Hitze wurde mit jedem Tag grösser, der Hof stand unbarmherzig unter der Sonne. Hatten sich die Kiesel immer so gelb von den weissen Hausmauern abgehoben? Ich suchte das kleine Gartenstück auf, das Clément letztes Jahr hatte anlegen dürfen, am Rande des Wäldchens, auf der andern Seite des Parks. Von dort hatte er mir immer Radieschen gebracht oder Erdbeeren, manchmal Salat. Alles war verdorrt diesen Sommer, die Tomatenstauden von Ungeziefer befallen. Einmal fragte ich Clément, als er mir Briefe herüberbrachte, nach seinem Kanarienvogel. Er rannte weg, gab keine Antwort. Seine Mutter erklärte mir beiläufig, ja, sie hätten Pech gehabt mit Cléments Tieren, den neuen Partner im Käfig hätte der erste Vogel nicht ertragen, jener sei tot gefunden worden. Sie hatten sich gegenseitig zerhackt, denn nach ein paar Tagen starb auch dieser.

Gabs keine Einladungen mehr unter dem Ahornbaum? Kein lustiges Hin- und Hertragen von Tellern und Platten über den Hof zum runden Tisch und später Gläserklirren und Lachen. «Meine kleine Frau ist nie zur Zeit fertig», erklärte der Mann und fügte hinzu, das sei offenbar so, in diesem Land: Noch nie sei seine kleine Frau zur Zeit fertig gewesen. Und Marie zuckte zusammen, wie wenn er sie geschlagen hätte. Dieses Land, ihr Land, hatte den aus der Hauptstadt hierher gezogenen Mann enttäuscht, bot nicht, was er erwartet hatte. Marie fühlte sich schuldig.

Der Hund wurde an die Kette gelegt, er sei ein Herumtreiber, das müsse aufhören. Er wedelte schwach, wenn Clément in den Hof kam; kein freudiges Gebell mehr, wenn ich mit der Leine in der Hand aus dem kleinen Haus trat, sonst ein Zeichen für den Hund, dass er mitkommen durfte an den Strand. Der grosse Hund rollte sich klein ein, um im schmalen Schatten des Oleanderbaums Schutz zu finden.

Und die Stimme der Nachtigall, Clément?

Clément zuckt die Schultern und wendet sich ab.

Die Nachtigall verstummt. Sie auch.

Die Stimme der Nachtigall, festgehalten auf einem Tonband, war ein Geschenk gewesen für Clément. Denn ein Tonbandgerät, so hatte er mir im vergangenen Winter geschrieben, habe er als Geschenk bekommen, ein Geschenk, das für ihn bestimmt gewesen sei, allein für ihn, ausschliesslich für ihn, *uniquement pour moi,* so stand es, dreimal unterstrichen. Er hatte wohl das kleine Gerät sehr rasch in sein Zimmer geschafft und vor den andern versteckt, hatte allein, verbotenerweise vielleicht auch unter der Bettdecke, die Bänder abgehört, die er allmählich sammelte. Die Stimme der Nachtigall, so hatte ich mir gedacht, ihr Trillern und Jubilieren, ihr süsses Zwitschern und ihr Schluchzen, gehört im Winter zu Clément, damit er an den frühen Sommer denkt, jetzt, wo es kalt ist und er, der Knabe, ohne Garten und Wald und Vogelstimmen und Spaziergänge am Meer. Ich schickte das Band mit der Nachtigallenstimme und schrieb auf die Kassette: *uniquement pour Clément.* Er habe das Band oft abgehört, schrieb der Kleine damals zurück. Und fügte hinzu, dem Kanarienvogel hätte die Stimme der Nachtigall auch gefallen. Jetzt wollte Clément nichts mehr davon wissen, er duckte sich, ging weg.

Gegen den Herbst hin erstarrte der Hof immer mehr. Ich mochte ihn nicht mehr, er war nicht mehr wohnbar. Ich setzte mich auf die andere Seite vors Haus, schaute aufs Feld mit den Sonnenblumen, die allmählich schwarz wurden und ihre Gesichter hängen liessen. Manchmal schaute Clément um die Ecke, ob ich wohl da sei, ging aber rasch wieder weg. Musste ich über den Hof, um das Auto zu holen, sah ich Cléments Fahrrad, hingeworfen auf dem Kies und achtlos liegengelassen.

Schon war die Rechnung für den Sommer bezahlt, ich packte die Bücher in die Taschen, räumte die Küche auf, dachte an die Heimreise. Kaum hatte ich beachtet, dass dieses Jahr die Miete für die Sommerwochen beträchtlich erhöht worden war. Also Geldsorgen? Eine Erklärung für das Ungemach auf dem Hof.

Die Reklamation, kurz vor dem Weggehen, störte Marie und schien sie zu ärgern. Aber ich musste ihr mitteilen, dass die Spülungen im kleinen Haus nicht mehr funktionierten, der Dreck nicht mehr verschwand mit dem Wasser und dass unangenehme Gerüche aufstiegen. Gestank, sagte ich. Gestank steige aus den Abflussrohren und verbreite sich vom Badezimmer aus in die Schlafzimmer, lüften nütze nichts mehr. Sie hätte nicht gewusst, meinte Marie, dass die Grube schon voll sei, sie müsse geleert werden; aber jetzt, so rasch, könne sie die Männer nicht herpfeifen, damit sie alles in Ordnung brächten. Erst für den nächsten Mieter, nächste Woche. Es war nichts zu machen. Am Abend sah ich dann aber doch, wie Marie an einer bestimmten Stelle im Hof den Kies wegwischte, um den Deckel über der Abwassergrube zu finden, und ihn abhob mit einem Pickel. Die Kontrolle ergab, dass ihr Verdacht stimmte, die Grube war voll, die Reiniger hätten längst zur Entleerung gerufen werden sollen. Der Deckel wurde, etwas nachlässig, wie mir schien, wieder über das Loch geschoben. Und dann der Kies darüber. Der makellose Kies.

Oft, früher, hatte ich Marie bewundert, wie sie eilig mit blossen Füssen über die Kiesel sprang. Die Kieselsteine hielten sich kühler als die Betonterrasse, lachte sie dann, sie bezögen die Feuchtigkeit aus der Erde. Der grosse flachgestampfte Hof, erdig, mit Kieselsteinen darüber. Das grosse Wohnhaus, ein kleines Haus, die wie sorglos, mit der breiten Seite oder der schmalen, angrenzten, die lange Allee, die hier mündete, das Treiben auf diesem schönen Hof. Ich hatte nicht gewusst, dass sich die Grube der Abwässer hier befand, etwas auf die Seite gerückt, die Öffnung zur Grube in der Fortsetzung der Allee, so dass der Güllenwagen nicht weit aus der Allee herausfahren musste, wenn die Güllenmänner die stinkend volle Grube entleeren würden. Warum hatte ich nie darauf geachtet, dass die Entleerungen, der Dreck unserer Häuser unter dem Hof lagerte, nicht weggespült wurde von gefälligen unterirdischen Röhren? Und der Kies deckte alles zu.

Den Gestank aus der Grube vergass ich bald, nachdem der Herbst mich wieder nach Hause gebracht hatte. Aber die zunehmende Verdüsterung auf dem Hof, die andersartigen Schritte, die heftigen Sprachfetzen aufsteigender Feindlichkeit, die nun zugemachten Türen verfolgten mich in den Schlaf. Hatten Seelen ihre Abgründe gezeigt, die niemand wahrhaben wollte?

Der Tod Cléments wurde mir erst viel später mitgeteilt. Er war nach langen Wochen seiner Kopfverletzung erlegen.

Ich ahnte ihn entsetzt, bevor man mir seinen Unfall beschrieb. Im Hof. Der Knabe angerast mit dem Fahrrad. Die Grube war noch nicht zugedeckt, der Sturz so unglücklich, dass der Kopf Cléments auf den Eisendeckel aufschlug. Die hantierenden Grubenmänner hatten sich für eine Minute von der Stelle entfernt, sie waren vom Vater wegzitiert worden, weil sie – seiner Meinung nach – etwas falsch angepackt hatten; sie hatten ihren Arbeitsplatz nicht markiert; der Bub hatte wohl am Ende des Hofs seinen Vater gesehen und radelte geradewegs auf ihn zu, ohne auf den Boden zu achten. So stellte ich es mir vor.

UND IMMER DIE GARONNE

Einmal Flüsse gesammelt die durch
Länder fliessen Täler bewässern
ihr Rauschen drang in die Träume
nie hat es mich verlassen.

Die am Ufer sind mit mir ob sie weinen
schlafend sind oder nacktfüssig über den Sand eilen
auch sie hören das Rauschen.

Der Inn fliesst nach Süden
er zog mich zur Donau
der Sohn am Amazonas
und ich am Indus
die sibirischen Flüsse die laufen nordwärts
der Amur in den Tatarensund des
Ochotskischen Meeres
über die Aare schrieb Karl zuhause
ich entschied für den besseren Nil
sofort.

Kein Urteil über Flüsse
keine Geschichten aus ihnen
nicht ihre Kilometer zählen
– die über viertausend
die schönsten versteht sich.

Sie sprengten das Album
wollten nie mehr geklebt sein es hinderte
sie an der Bewegung.

Sie überschwemmen wann
sie es für gut finden

sie bewahren die Fische
mir bleibt ihre Stimme
auch die meiner Schüss.

Hoch nun die Brücke
über der Dordogne
die will mit der Garonne
in den Atlantik.

Alle enden im Meer und
sie atmen mit ihm
gehen weg kommen zurück
die Wasser
in genauer Bewegung
gewaltige Ordnung.

Im Sturm eine Stille
und Raum und kein Ende.

Ach der übliche Lauf bis zur Düne
immer die Frage obs noch da sei
das Meer mein Atlantik

nun voll aller Flüsse
im schimmernden Dasein
heller das Licht.

Mit schweren Flügeln
landwärts der Reiher.

DAS INNERE LEUCHTEN DER MADAME G.

Für Ruth und Beni, Mornac Sommer 90

Man ruft sie Lili. Die Nachbarin tut es jeden Morgen. Sie kontrolliert mit diesem Gruss, ob die Betagte aufgestanden sei. Madame reagiert aber ungehalten, sie pocht auf ihre Selbständigkeit. Biete ich ihr von der andern Seite des Hauses nachbarliche Hilfe an, weicht sie aus, beruft sich auf ihren Sohn, der in der nächsten Stadt wohnt, im Übrigen sei hier im Dorf alles Nötige zu haben. Sie geht ja auch, auf den Stock gestützt und schimpfend – gerade an diesem Morgen sei es mit ihrem Gleichgewicht schlecht bestellt – zur Coiffeuse oben auf dem Dorfplatz, um sich das blasse Haar, das gelblich geworden ist, färben zu lassen. Sie zieht sich, für diesen Gang, eine Wollmütze über den Kopf, die sie, nach dem Salonbesuch, in die Handtasche steckt. Monique, die beredte Nachbarin, kommentiert dann die Haarfarbe, aber darauf lässt sich Madame Lili nicht ein. Freundlich ist sie mir nie begegnet, Madame G., das kann man nicht behaupten.

Als ich mich bei meinem Einzug ihr vorstellte, mit der zustimmenden Vermittlung von der andern Seite, nämlich von Madame Monique, prüfte sie mich mit einem Blick und meinte dann, die Leute, die vorher in diesem Haus gewohnt hätten, dieser Monsieur B., das sei gar kein guter Nachbar gewesen. Sie hoffe auf Besseres, bemerkte sie, aber ich wusste nicht worauf. Indessen schaute ich mich in ihrer Stube um, sie sah sehr rein, ordentlich, aufgeräumt, auch behaglich aus, ich wollte dann aber sofort den Garten sehen, der, auf der andern Seite des Hauses, von meiner Terrasse aus nicht sichtbar, stufenweise hinunterführt zur niedriggelegenen Gasse, auf der man geradewegs zum Hafen gelangt. In sorgloser Anordnung das Prächtigste, das Blühendste, was diese Gegend im Frühsommer hervorbringt: Oleander, hohe Malven, viele Rosen. Eine Palme knarrte im Wind. Die Huldigung für ihre geschickte Hand nahm Madame G. etwas ungeduldig entgegen, sie wusste selbst, dass sie eine gute Gärtnerin war. Nur als wir wieder durchs Haus zum Ausgang gingen, durch eine Art gläsernen Durchgang, öffnete sie die Tür zu zwei weiss gekalkten, wohl erst kürzlich ausgebauten Räumen, in denen die sanitären Einrichtungen des alten Hauses, moderne Installationen, sich befanden. Wollte die alte Frau mit diesem Hinweis zeigen, dass sie mit der Zeit gehe und dass ihre Verhältnisse so seien, dass sie sich das gestatten könne? Eine Einladung, mein soeben bezogenes Haus nebenan sich anzusehen, nahm sie nicht an, ein wenig unwirsch erzählte sie, in diesem meinem Haus sei sie auf die Welt gekommen, vor langer Zeit, es habe ihrer Familie gehört, genau wie dasjenige, in dem sie jetzt wohne, eine Nichte habe dieses Geburtshaus von ihr bekommen und es verkauft, weil sie, eine praktizierende Ärztin, sich ein Auto habe kaufen müssen. Ja, dann sei es in den Besitz einer Frau gekommen, einer hiesigen, selbstverständlich, die habe darin ein Restaurant eingerichtet, es sei ein sehr renommiertes Restaurant geworden, viele Leute seien gekommen, und die Catherine, die für alle so ausgezeichnet kochte, die sei eine wunderbare Nachbarin gewesen. Madame G. schnalzte leicht mit der Zunge, und ich hätte gern gewusst, wie man es in ihren Augen zu einer gelobten Nachbarin bringen könnte. Warum beschäftigte mich das? Warum eigentlich? Sie war abweisend, ein wenig spöttisch, sie begegnete mir zurückhaltend, was brauchte ich mich da um ihre Gunst zu bemühen? Später fiel mir ein, dass es Augenblicke gab, wo ein wunderbarer Glanz in die hellen Augen der Madame trat, wo über ihr weisses flaches Gesicht Licht huschte, das bezauberte. Ich nannte es das innere Leuchten der Frau G. Denn es war mehr als der ferne Blick sehr alter Menschen, der wissend in Jenseitiges schaut. Diesen Blick haben manchmal Säuglinge, die von dieser Welt noch nichts wissen, aber die etwas geschaut haben, das uns abgenommen, abgekauft wird von jedem neuen Lebensjahr. Doch die Quelle von Madames

Leuchten lag anderswo, nicht in der Hoffnung auf einen Himmel.

Heute, als ich in der Gasse schwatzte, trat Madame G. aus ihrer Türe, proper wie immer in ihrer Haushaltärmelschürze, das Haar glatt nach hinten gekämmt. Das Gespräch ging um eine neue Telefonleitung und um die Unzuverlässigkeit des Telefonamtes. Madame schaute an mir vorbei, kam dann aber auf mich zu und teilte mir mit, ihre Schwester sei gestorben, heute sei die Beerdigung; Ja, erst 63 Jahre alt, sechs Geschwister seien sie gewesen, jetzt lebten nur noch vier. Ich folgte Madame G. ins Haus, drückte ihr die Hand und sprach ihr meine Anteilnahme aus. Frau G., sehr würdevoll, erwiderte: «Ich nehme sie an.» Diese Formulierung hatte ich noch nie gehört. Die Frau schien mir hinfälliger denn je, ich schlug vor, ihr eine Tasse Kaffee zu kochen oder einen Tee ihr vorzusetzen, sie lehnte ab, es sei jetzt nicht der Augenblick, die Beerdigung sei um halb fünf Uhr nachmittags – es war aber noch früh am Morgen. Doch dann nahm mich Frau G. mit in ihren Garten, von hier aus sehe man das Haus, in dem ihre Schwester gelebt habe. Und sie blieb stehen, wie wenn sie auf etwas horchte, im Konversationston teilte sie mir mit, dass sie ihre Schwester aufgezogen habe von klein an, es sei ein sehr liebes Kind gewesen. Und jetzt leuchtete Frau G. von innen her, das Strahlen ihrer Züge war nicht aufzuhalten, und beinahe wusste ich jetzt, woher das Leuchten kam. War es etwa die Erinnerung an Liebe, der sie in ihrem langen Leben Platz eingeräumt hatte, Platz zum Blühen und zum Sich-Entwickeln und zum Grösserwerden? Nicht die Guttaten zeigen ihre Wirkung im Alter eines Menschen, nicht die Pflichten, die man erfüllt hat, nur die Freude wirkt nach, die Freude, mit der man etwas getan hat. Die jüngere Schwester aufziehen? Das oder anderes, bedeutungslos, was es war, aber mit Freude getan, in Liebe, und mit Freude entgegengenommen vom Kind. Jetzt liess sie es ganz zu, dass es in ihr strahlte, Madame G.

ES WAR EIN FREITAG, EIN 19. SEPTEMBER

Der Platz ist zu jeder Stunde so verlassen, dass man mit einem Schrei darauf antworten möchte. Ein trauriger Platz. Er liegt nicht in der Mitte, sondern am äussern Ende eines sich lang hinziehenden Ortes; doch der einzige, der den Namen Dorfplatz verdient: bewachsen mit dichtem Gras, einer Linde, die prächtig gedieh und die umliegenden Häuser überragt. Aber immer diese lähmende Leere, nicht einmal Hunde treiben sich hier herum, sie kläffen eingesperrt in den nahen Höfen, hinter Gittern und böse, wenn man daran vorbeigeht. Das grosse verlassene Viereck ist auf zwei Seiten von Häusern eingerahmt, deren Türen gegen den Platz hin stets zu sind, die Fenster mit gelben oder blauen Holzläden geschlossen. Die Leute betreten ihre Häuser von der andern Seite, zeigen dem Platz nur ihre Abweisung. Zwei Strassen grenzen ihn auf den andern beiden Seiten ab, Sandstrassen mit wenig Verkehr, doch die Fahrzeuge bremsen hier ab, die Weiterfahrt ist unübersichtlich. Unbekümmert benehmen sich nur bäurische Traktoren, breite Feldmaschinen hinter sich herziehend. Die Lenker, Männer in blauen Hosen, überblicken von ihrem hohen Sitz das Ganze, sie sind an breite Äcker gewöhnt. Meistens tönt aus ihren offenen Kabinen Radiomusik, zu ihrer Unterhaltung? Die Töne umhüllen sie wie ein Vorhang und sind eine Abschirmung zur Welt ausserhalb ihrer Führerkabinen. Genau dort, wo sich die beiden Strassen kreuzen, in der Ecke des Platzes, steht eine Telefonkabine. Nie sieht man jemanden dort telefonieren, nur Zigarettenstummel und Papierfetzen zeugen von gelegentlichen Besuchern. Und manchmal steht die Türe der Kabine weit offen und lässt sich in keiner Richtung mehr bewegen; sie scheint die Eigenschaft zu haben, sich zu verklemmen, und wird dann wohl von den nachts auf ihren Motorrollern herumknatternden Burschen, die hier neue Verabredungen bewerkstelligen, aufgestemmt, denn in der Kabine stecken bleiben wollen sie ja nicht.

Doch eines Sommers kam regelmässig die Frau mit dem Stock. Sie zielte unmittelbar auf die Telefonkabine. Es war spät am Tag, die Leute sassen wohl noch am Tisch oder hockten vor dem Bildschirm. Der Platz war stummer denn je. Die alte Frau, die sehr alt war, kam die eine der Sandstrassen entlang, langsam, aber bestimmt. Sie kannte die Örtlichkeit genau, aber wenn sie, bevor sie den Platz betrat, am kleinen Mann vorbeikam, der auf der Schwelle zu seiner winzigen Küche sass, grüsste sie ihn nicht. Jener hob den Kopf, wenn er die Schritte und das Aufschlagen des Stockes hörte, aber er sah die Frau nicht, er war blind. Er war wie eingewachsen in seine Küchentüre, trug zu jeder Stunde ein grosses Beret auf dem kahlen Schädel, ein altgewordener Soldat aus dem Ersten Weltkrieg vermutlich, ein *Poilu* also, man verspürte Lust, einen Befehlston in seine Unbeweglichkeit zu brüllen, er würde sich sicher von seinem wackeligen Stuhl erheben und sich melden mit *présent, mon capitaine*.

Die alte Frau, die ihn nicht beachtet, kommt aus dem Altersheim, das weiter unten liegt. Dort scheint sie niemand zu vermissen zu dieser Stunde, man hat es hingenommen, dass sie aus der Reihe tanzt, zu spät oder überhaupt nicht zu den Mahlzeiten erscheint. Ein schwieriger Charakter, sagt die Betreuerin von Madame Martine zur Leiterin des Hauses, und diese hebt leicht die Schultern, wie um anzudeuten, Madame Martine sei schon immer eine Ausnahme gewesen.

Madame Martine ist so alt geworden, dass man sie im Dorf vergessen hat. «Ach, sie lebt noch?», sagt man, wenn ihr Name fällt. Ihr Haus steht doch noch da, gar nicht weit vom Altersheim entfernt, aber Madame Martine betritt es nicht mehr. Die Zeiten sind vorbei, in denen sie hie und da die Läden öffnen liess, hineinging und kontrollierte, ob noch alles an seinem Platz stehe, die schönen Truhen und Schränke, die grossen Tische, und ob die Gläsersammlung nicht durcheinandergebracht worden sei, ob kein Stück fehle, kein Henkel abgebrochen. In diesem Haus hat Madame Martine lange Jahre gewirkt, gewirtschaftet und regiert und ihre Umgebung in Atem gehalten durch immer neue Einfälle, wie sie ihren Besitz mehren könne. Sie hat in der Gegend viel Land gekauft, die Nachbarn, die in Geldnot waren, dazu überredet, ihr Stück um Stück abzutreten; und wenn es ihr passte, verkaufte sie die Grundstücke, mit Gewinn natürlich, an Zugereiste, an Fremde. Vielleicht war es das, was man ihr nicht verzieh, oder es war ihre herrschelige Art gewesen, die man nicht ertrug und ihr jetzt mit Vergessen heimzahlt.

Jetzt hat die alte Frau die Telefonkabine erreicht. Warum sie nicht vom Altersheim aus telefoniert, ist schwer zu erraten. Vielleicht ist sie listig genug, gemerkt zu haben, dass es von hier aus billiger ist, oder aber sie wünscht, dass man sie nicht beobachtet und keiner ihr zuhört. Sie legt mühsam ein Papier mit Namen und Nummern auf die schmale Abstellfläche, daneben häufelt sie Fünf-Francs-Stücke, Ein-Franc-Stücke, Halb-Franc-Stücke; sie hat gelernt, dass die Zwanzig-Centimes-Stücke nicht weit reichen. Sie wirft die Münzen ein, sie weiss, dass der Apparat gefrässig ist, dass bald ein Zeichen aufblinkend anzeigt, eine erste Periode sei abgelaufen. Sie kennt die Vorwahl genau, den Indikativ, den muss sie nicht ablesen. Oft wählt sie die Zahl 83, das ist die Vorwahl für die Côte d'Azur, da wohnen Nichten und Neffen und Freunde. Wahrscheinlich sind es aber die Kinder von Freunden, die nicht mehr wissen, wer Tante Martine ist, und befremdet Auskunft geben, wenn sie fragt, ob der Keuchhusten der Kleinen geheilt sei, ob man die richtige Salbe gekauft habe, und überhaupt, das mit der Ernährung. Die Angerufenen verstehen nicht, winken höflich ab, dann ärgerlich. Immer heftiger dreht nun aber die alte Frau auf der Scheibe neue Nummern, reklamiert erregt, warum man die drei Ster Holz immer noch nicht abgeholt habe? Der Schreiner habe sie sitzenlassen, die Türe müsse doch dringend abgehobelt werden. Und warum man den Umbau derart verschlampe? Manchmal schreit sie, dann redet sie wieder ganz leise, wenn sie nach Kindern fragt, ob man sie wirklich auch warm genug anziehe, auch im Süden seien die Abende kühl; ein Wollhemdchen unerlässlich. Die Generationen gehen ihr durcheinander, sie verwechselt Orte und Zeiten.

Das Picknick am Meer war doch erst kürzlich, etwa nicht? Sie hatte Tücher ausgebreitet unter den Kiefern, Körbe mit zubereiteten Broten ausgepackt, die Früchte sortiert, der Wein war immer dabei, die Becher fehlten nie. Und dann waren alle nach dem Schwimmen im Meer und dem Sonnen auf dem heissen Strand lachend in den Schatten getreten, hatten Tante Martine umarmt, weil sie an alles denke, und hatten zugegriffen. Oder die Mahlzeiten für die vielen Gäste in ihrer offenen Scheune, unweit von hier, das war doch lustig gewesen, immer war der Tisch mit Speisen brechend voll, und die Kinder hatten gejubelt, weil Tante Martine nie von ihnen verlangte, dass sie sich, aufgescheucht von ihren wilden Spielen im Garten, vor dem Essen die Hände wuschen. War's nicht gestern gewesen? Die alte Frau versteht nicht, dass ihr aus dem Telefonapparat nur Befremden, nur Ablehnung entgegenkommt. Hie und da beruhigt einer die alte Frau; oder einer weist sie zurecht, man wolle jetzt nicht gestört werden. Sind die Häufchen der Münzen abgebaut, tritt die alte Frau kopfschüttelnd aus der Telefonkabine auf den leeren Platz. Wie dumm die Menschen sind, wie vergesslich. Den Stock stösst sie jetzt noch heftiger in den Sand der Strasse. Sie lässt den stummen verlassenen Platz hinter sich, sie merkt nicht, dass der Platz sie längst verlassen hat, dass von hier aus ihre Notrufe nicht verstanden werden, nicht einmal wahrgenommen. Sie geht an den Gärten vorbei. Ärgerlicher denn je fühlt sie nicht, wie süsser Holunderduft sie umhüllt, sieht nicht, dass die Sonne erst jetzt, gegen zehn Uhr, untergeht, der Horizont aber hell bleibt, die Nacht hier keine ist. Hört sie nicht, wie die Frösche, versteckt in den schlammigen Kanälen des Moors, immer noch quaken, während die Vögel nun endlich ihre Nester aufgesucht haben? Die weissen Kühe werden sich, Schilfgras kauend, ruhig die ganze Nacht bewegen.

Die alte Frau gibt ihre Versuche, alte Zeiten, ihre Zeiten, lebendig zu machen, nicht auf. Immer wieder, immer erneut, immer verwirrter schleppt sie sich zur Telefonkabine auf dem menschenleeren Platz. Keine Antworten. Auf nichts. Die Notsignale eines untergehenden Menschen werden nicht beachtet. Nur der Soldat richtet seine blinden Augen auf sie, wenn die alte Frau mit harten Schritten und heftigem Stockschlag an ihm vorbeigeht. Aber er ist zu träge, zu unaufmerksam, um festzustellen, dass er sie einmal nicht hat zurückkehren hören, vom Platz her. Oder vielleicht war es schon zu kühl, es war herbstlich geworden, der *Poilu* zog sich früh in seine winzige Küche zurück.

Das war, als die alte Frau nicht zurückkehrte von ihren tobenden Versuchen in der Telefonkabine auf dem Dorfplatz, der keiner war, weil niemand sich dort aufhielt. Im Heim vermisste man sie auch nicht, abends; erst am nächsten Morgen fand man ihr Zimmer leer und suchte sie. Zu spät. Sie war schon tot.

Der Abend aber war ein Freitag gewesen, ein 19. September, das Äquinoxial-Datum. Der Koeffizient im Kalender der Gezeiten war mit hundert angegeben, es war ein Tag nach dem Vollmond, um 17 Uhr 54 war der höchste Stand der Flut zu erwarten, auf der Höhe der Pointe Grave; das pflegten die Bewohner dieser Gegend zu feiern. Man wanderte ans Meer, man wollte sehen, wie es anrollte, man begab sich auf höchste Dünen und schaute, wie die Küste mit jeder Welle weiter hinauf überschwemmt wurde. Man verweilte lange im Wind und suchte dann, zerzaust und glücklich – war es nicht ihr Meer, das sich so gewaltig gebärdete? – das Auto wieder auf und fuhr lachend nach Hause. Man hatte Freunde eingeladen, eine Quiche vorbereitet, oder man hatte sich in einem Restaurant einen Tisch bestellt. Und über den Dorfplatz fuhr man eilig nach Hause. Keiner sah, dass eine Gestalt auf dem Boden der Telefonkabine lag.

Und doch war die alte Frau gegen den Herbst hin ruhiger geworden, ihre Gänge zum Dorfplatz seltener. Hatte sie sogar gelernt, dass man, alt geworden, verstehen sollte, dass die andern rasche Schritte machen, dass sie davonrennen mit ihrer eigenen Zeit und dass man selber nun an Ort treten muss – und flüstern, nicht laut rufen. Sie war, als der Sommer verschwand, in ihrem Zimmer geblieben, hatte vor sich hingeschwatzt, weniger geschimpft mit den Angestellten im Heim. Sie hatte sogar alte Fotos aus den Schubladen herausgeholt und sie betrachtet. Aber es machte ihr keinen Spass, sie erkannte die Menschen auf diesen Momentaufnahmen nicht mehr. Lebendig waren sie nur in ihrer Phantasie. Da redeten sie lebhaft an ihrem Tisch, sangen in ihrem Garten und immer wieder riefen sie «Tante Martine» und wollten etwas von ihr.

An diesem Freitag des Äquinoxialdatums war sie aber wieder unruhig geworden, vielleicht angesteckt vom allgemeinen Aufbruch ans Meer. Sie griff zum Adressbuch, sie notierte sich Nummern auf die Zettel, steckte sie in die Handtasche, fand auch die zum Telefonieren nötigen Münzen in einer Schachtel, machte sich auf, zum Dorfplatz. Niemand konnte nachher feststellen, welche Nummern sie auf der Scheibe gedreht, wen sie angerufen hatte, wen sie anschrie, «aber ich bin doch Tante Martine», oder «besuchst du mich morgen, Louise», oder «ich brauche ein neues Kleid» oder «warum kommt mein Bruder nicht, damit wir endlich über das Geld reden». Sie muss umgesunken sein, vielleicht war ihr übel geworden, oder ein ohnmächtiger Zorn hatte sie ergriffen, weil keine Antwort kam. Vielleicht hatte sie endlich verstanden, dass ihr Versuch, einen letzten Menschen zu erreichen, ins Leere stiess. Sie hielt den Hörer fest umklammert und riss ihn mit ihrem Sturz herunter. Die Schnur baumelte leer vom Apparat. Man weiss nicht, ob die alte Frau noch versucht hatte, die Türe der Telefonkabine aufzustossen. Sie klemmte. Man musste kräftige Leute holen, um sie aufzusperren.

TANTE MARTHE – EIN LEBEN

Die junge Frau sagte an der Beerdigung, als alle sich endlich zum Essen an die Tische gesetzt hatten und nun anfingen, wechselseitig sich vom langen Leben der Verstorbenen zu erzählen, und als man allmählich zu den Gläsern griff, da sagte die lebhafte junge Frau mit den lachenden Augen – sie war eine Verwandte der verstorbenen alten Frau, drei Generationen jünger freilich, also eine Grossnichte oder eine Cousine, viel zu kompliziert, es auszumachen, und es spielte ja auch nicht die geringste Rolle –, also die junge Frau sagte in die Runde, indem sie ihr Weinglas erhob: Auf ihre Gesundheit! Auf die Gesundheit von Tante Marthe! Und errötete sofort wegen ihres unbedachten Vorwitzes und wegen dieses unpassenden Trinkspruches.

Darüber hätte sich nun am meisten Tante Marthe selber amüsiert, Faux-pas belustigten sie über alle Massen. Es hätte sie auch diebisch gefreut, hätte sie erfahren, dass ihre sterblichen Überreste beinahe ins falsche Grab gerieten. Man hatte die Urne mit ihrer Asche aus der welschen Schweiz, ihrer Heimat, wo sie ihre letzten Jahre verbracht hatte, in eine grosse Stadt der deutschsprachigen gebracht, weil es hier auf dem zentralen Friedhof eine imposante Grabstätte der Familie ihres längst verstorbenen Ehemannes gab, da war noch Platz für Tante Marthe. Für die liebe Mama, sagte die Tochter, die einzige Tochter Marthes, jetzt eine ältere Frau, in schwierigen Verhältnissen lebend, so waren ihr die sich zerdehnenden Lebensjahre der Mutter ein ständiges Problem, ja, eine wirkliche Last gewesen. Das war aber nie zugegeben worden, das gab so eine Tochter nie zu. Immer sprach sie von der lieben Mama – du weisst ja, wie sie war, wunderbar –, und nun, wo die liebe Mama endlich das Zeitliche gesegnet hatte, zu ihrer und aller Entlastung, musste die Tochter gehörig trauern, das war man der Mama und sich selber schuldig. Und der zahlreichen Verwandtschaft Marthes, dem zahlreichen Freundeskreis beider Eltern, also auch in Erinnerung an den Papa, der ein reicher Industrieller gewesen war und ganz spät noch angefangen hatte, Medizin zu studieren, von ihm hatte, so erinnerten sich die Verwandten, Tante Marthe immer als von «meinen armen Arthur» gesprochen. Immer sagte sie «mein armer Arthur», wenn sie von ihm sprach, noch als er lebte und dann auch, nachdem er gestorben war. «Mein armer Arthur!» Ihm war das Medizinstudium nicht gut bekommen, oder vielleicht war anderes schuld daran gewesen, dass das Vermögen des reichen Industriellen wie Schnee an der Sonne geschmolzen war. Verdummt habe er es, erzählten einige Kusinen, aber es war lange her, und niemand wusste mehr Genaues. Man hatte ihn, im fortgeschrittenen Alter, noch unter Vormundschaft gestellt, den armen Arthur, aber das war viel zu spät gewesen, alle Dummheiten schon passiert, mit verheerenden Folgen, die Familie jeder existentiellen Grundlage beraubt, nur mit Schulden belastet. Seine Ehefrau, die Tante Marthe, hatte jahrelang gezögert, diesem Schritt zuzustimmen, einem Schritt, zu der man ihr längst geraten hatte, ihr, der angesehenen Frau O. Wahrscheinlich hatte sich diese Frau O. nie als angesehen empfunden. Diese Bezeichnung war ihr egal, sie berührte sie nicht, sie sagte nur einmal zu einer Verwandten, die sie in ihrem Bergdorf aufsuchte, einem Dorf, das ein Kurort war, wahrscheinlich hätte Arthur dort gesunden sollen. Tante Marthe sagte, es sei schwieriger, arm zu sein, wenn man vorher reich gewesen sei, weil die Leute es einem nie glaubten, ihr, der Frau O., es als Geiz auslegten und verübelten, dass sie nun nicht mehr, ohne es zu zählen, Geld ausgeben könne, sie habe, weil man ihr, der Frau O., die Bedürftigkeit noch nicht ansehe, keinen Zugang zu verbilligten Lebensmitteln, die man, es war im Krieg, armen Leuten abgab, man lache sie aus, wenn sie im Preis herabgesetzte Kartoffeln wünschte, bezichtigte sie der Falschheit, des Geizes. Sie wolle doch Arthur, den armen Arthur, nicht der Lächerlichkeit und Untüchtigkeit preisgeben. Damals hatte sie allen ihren Schmuck verkauft und die besseren Stücke des Haushaltes verschenkt, wenn sie, an heiratende Nichten oder Neffen, Geschenke machen wollte.

Dass Tante Marthe ihre plötzliche Armut mit Lebhaftigkeit und Würde getragen hatte, daran erinnerten sich alle. Und dass sie nie Böses verlauten liess, als ihr Arthur umdüstert, böse geworden und krank, jahrelang die Pflege seiner Frau beansprucht hatte, und dass kaum mehr Geld vorhanden war, um die Wohnungsmiete zu bezahlen. Nichts Ungutes über den armen Arthur, kein schlechtes Sterbenswörtchen über Enttäuschungen und Elend, höchstens eine ablehnende Haltung gegenüber den Familienangehörigen ihres Arthurs. Ganz besonders wurde Arthurs Bruder, Arnold, nie mehr erwähnt. Weder Arnold noch die andern, die den gleichen Familiennamen trugen wie Arthur, wurden mehr erwähnt. Nun, wir sind an der Urnenbestattung von Tante Marthe, der zweiten Trauerfeier, nachdem die erste, im heimatlichen Winzerort Marthes, in herzlicher Atmosphäre und allen guten herzhaften Erinnerungen an die Verstorbene über die Bühne gegangen war. In der welschen Schweiz. Und mit gutem Weisswein. Warum die Tochter Alba nun die Urnenbestattung zu einer zweiten Trauerfeier ausbaute, war niemandem klar, aber sie hatte einen Pfarrer bestellt und Freunde ihrer Mutter eingeladen, die nicht an der ersten Trauerfeier teilgenommen hatten. Im Ganzen aber doch ein recht mageres Häuflein Trauernder. Man hatte sich am Eingang Nummer drei des zentralen Friedhofes getroffen und musste lange warten, weil der junge Pfarrer den richtigen Eingang verfehlt hatte und nun viel zu spät herbeieilte. Er war nicht genau auf dem Laufenden, wen er da, wessen Asche er da noch betend begleiten müsse. Er war als entfernt Verwandter herbeigerufen worden, selber aber war ihm völlig unklar, in welcher Weise er mit Tante Marthe verwandt sein sollte. Als die kleine Gruppe sich in Marsch setzte, Richtung Familiengrab, suchte der Pfarrer nach einem bekannten Gesicht und erkundigte sich, was man denn eigentlich von ihm erwarte, doch nicht eine Abdankungspredigt, oder?, und inwiefern diese Marthe O. mit ihm verwandt sei. Nur ein Gebet, bitte nur ein Gebet am Grab, so gab man ihm zur Antwort, und das wollte der junge Pfarrer natürlich gern tun. Voran schritt nun die Tochter der Verstorbenen, selber schon betagt und überaus sentimental. Sie sei immer schwächlich und krank gewesen, sagte man über sie, die Arme. Ihr Mann war als Italiener lange in Indien in Kriegsgefangenschaft gewesen, war nach sieben Jahren Tropen gealtert und krank zu ihr zurückgekommen, dann hatten sie in einem neuen Land ein neues Leben aufbauen wollen, das schien in allen Teilen zu misslingen. Und dann starb das erstgeborene geliebte Kind. Vielleicht war das alles über Alba gefallen, jetzt auf dem Friedhof. Sie hatte sich bei ihrem Ehemann eingehängt und ging schleppenden Schrittes über den Friedhofweg. In der Hand die Plastiktasche mit der Urne, darin die Asche ihrer Mutter, die nun ins Familiengrab versenkt werden sollte. Es war Herbst, es nieselte, es war kalt auf dem Friedhofweg, es war an einem frühen Vormittag, keine Besucher sichtbar, die paar in dieser Gruppe Versammelten hätten sich gern miteinander unterhalten, aber die betont trauernde Tochter, die mit ihrem Ehemann anführte, schien keine Unterhaltung zuzulassen. Kein freundliches Wort fiel. Kein Erinnerungssatz, in Dankbarkeit für ein Leben wie das Leben einer Tante Marthe. Am düstern Grabmal angelangt, trat nun der Pfarrer langbeinig und ein wenig linkisch zum offenen Loch, in das die Urne versenkt werden sollte. Der Gärtner, in der Uniform eines Friedhofsbeamten, wie es sich ziemt, war mit seiner Schaufel zur Seite getreten. Alle im Halbkreis, der Pfarrer zog sein Beret vom Kopf und griff zum Alten Testament, er wollte einen Psalm lesen. Da entstand Unruhe vorn, Tochter Alba gab Zeichen höchster Erregung von sich, sie rief den Gärtner mit der Schaufel herbei, der Pfarrer trat in die Reihe zurück, und der Gärtner schaufelte hastig ein anderes Loch. Es erwies sich, dass das Loch am falschen Ort gegraben worden war, die falsche Grabplatte hatte man beiseite gerückt, nämlich die des Arnold, des feindlichen Schwagers, nicht die Platte mit dem Namen des armen Arthur, der doch der Ehemann der Marthe gewesen war und an dessen Seite die sterblichen Überreste der Marthe nun ihre Ruhe finden sollten.

Niemand wagte zu lachen, aber alle hätten gern herzhaft aufgelacht. War es nicht typisch für die Verstorbene, dass ihr dieser schlechte Scherz passierte? Und wie hätte sie sich darüber amüsiert. Wie hätte sie gekichert, Tante Marthe. Und hätte gesagt, der arme Friedhofsgärtner hat die Vornamen verwechselt, konnte Arthur nicht von Arnold unterscheiden, und Arnold ist ja wirklich kein so grosser Unterschied zu Arthur, und meinem armen Arthur wäre es nicht weiter aufgefallen, dass ich beinahe ins falsche Grab zu liegen gekommen wäre. Spielt ja auch keine so grosse Rolle. Aber für Alba wars eine Ungerechtigkeit oder besser eine Ungenauigkeit, die sogleich behoben werden musste. Also wurde zugeschaufelt und neu geschaufelt. Es dauerte ziemlich lange, bis nun alles in Ordnung war und das neue Loch gross genug, die Urne, die schon aus der Plastiktasche herausgenommen worden war, versenkt werden konnte. Und der Pfarrer endlich seinen Psalm lesen und sein Gebet sprechen konnte. Inzwischen war aber die gedrückte Stimmung aufgehoben, man hatte sich während der Wartezeit zuerst leise, dann etwas lebhafter unterhalten, und die Erinnerung an das Leben dieser Tante Marthe stieg in jedem an diesem Grab leuchtend auf und erhellte die Gemüter und erwärmte die Herzen. Allen kam es in den Sinn, dass die geographisch ausholenden Lebenskurven der Tante Marthe ihrer grossartig weiten Gesinnung entsprochen hatten, nie war sie kleinlich, nie rachsüchtig gewesen. Ihr Leben mit wechselhaftem Glück und viel Unglück hatte sie mit Schwung und einer grossen Eleganz ertragen. Das hatte für alle, für alle die vielen Verwandten und die vielen Freunde, den Umgang mit ihr so leicht gemacht, so erfrischend, so ungekünstelt. Es war einem immer wohl gewesen in der Gesellschaft dieser Tante Marthe, sie sagte geradeheraus, was sie dachte. Man konnte ihr auch geradeheraus sagen, was man dachte, und man fühlte sich angenommen in seinen Tugenden wie in seinen Untugenden. Tante Marthe konnte man zugeben, wenn man etwas falsch gemacht hatte. Man konnte sich bei ihr ausweinen, man konnte bei ihr klagen, man leide so unter seinem Partner, man habe wahrscheinlich den falschen gewählt. Da lachte Tante Marthe nicht mehr, tröstete auch nicht besonders, meinte trocken, das musst du wissen, Kind, was du tun musst, ich halte diesen Mann für einen grossen Charakter, beweise deinen, zum Beispiel. Da fühlte man sich zurechtgewiesen, in seine Schuhe gestellt, die ganz offensichtlich eine Nummer zu klein waren für das Klagelied, das man angestimmt hatte.

Hätte man nun aber einen der Menschen dieses Grüppleins, eine Frau, einen Mann gefragt – Trauernde konnte man sie nicht nennen auf diesem düstern Friedhofweg, ausser der Tochter Alba, deren Trauer aber eine zur Schau gestellte, eine falsche Trauer war und eher mit Mitleid mit sich selbst etwas zu tun hatte und vielleicht auch mit dem Vorwurf, den man sich selber machte, dass man das lange Leben dieser Mutter als Belastung empfunden und ihr niemals das hatte bieten können an Aufgehobensein in der eigenen Familie, an Erleichterung ihrer prekären wirtschaftlichen Lage, wie man es gern gewollt hätte –, nein, es war kein Grüpplein Trauernder, höchstens ein Grüpplein nachdenklicher Menschen, die sich überlegten, wie es geht, im Leben, auch dankbarer Menschen, denn sie waren voller guter Erinnerungen an diesen Menschen, dessen letzten Gang man nun mitging, wie es so schön heisst. Hätte man eine, einen von ihnen befragt, wie war denn das Leben dieser Marthe O., was tat sie?, so hätte jede, jeder gern geantwortet, sofort gesagt, sie war grossartig, Tante Marthe, Cousine Marthe, sie war unsere Freundin, ein ausserordentlicher Mensch. Aber niemand hätte der Reihe nach zu berichten angefangen, du weisst doch, sie war die Tochter des Alfred, nein Oskars, oder nein, das war wohl ihr Bruder, ist ja gleich, ich glaube, ihre erste Mutter starb, aber ihre richtige Mutter war ja die Schwester ihrer leiblichen Mutter, es kommt ja nicht so darauf an, jedenfalls waren sie viele im Haus an der Hauptstrasse, und lustig gings immer zu und her in dieser lebhaften Familie, und dass der Vater mit der Zeit ein wenig dem Wein zusprach, ein wenig zu viel, das war ja auch nicht so schlimm, er war ein gar flotter Reiter, jedermann hatte ihn gern, die ganze Familie hatte alle immer gern. Und ja, die Marthe wurde ausgebildet am Klavier, sie studierte in Dresden bei einem ausgezeichneten Lehrer und lernte auch Deutsch sprechen. Ihre Muttersprache Französisch, ja, natürlich. Aber sie sprach auch Mundart, später. Und dann heiratete sie also diesen Arthur, einen reichen Mann, und sie hatte eine einzige Tochter, die Alba, die wurde von den Eltern masslos verwöhnt, sie war ja wohl immer etwas kränklich. Und rothaarig, das auch. Aber bald zeigte es sich, dass man den Lebensweg dieser Tante Marthe doch nicht genau kannte, sie lebte in andern Erdteilen, weil ihre Tochter ausgewandert war und die Mutter, als der Vater gestorben war, zu sich nahm.

Dann war Tante Marthe nur noch besuchsweise in der Schweiz, oder, das vor allem, wenn sie krank war vor Heimweh oder auch sonst krank und jemand aus der Familie ihr die Flugreise bezahlte und jemand anderes in der Familie sie wochenweise, monatsweise bei sich aufnahm. Manchmal tat man sich auch zusammen, legte das Geld zusammen, denn keiner in der Familie der Tante O. hatte viel Geld, niemand war so tüchtig gewesen, Ersparnisse anzulegen, das Weingeschäft lief schlecht, Rebberge, Häuser mussten verkauft werden, und der Ertrag daraus war meistens sehr rasch wieder weg, irgendwohin, verflogen. Aber für Feste reichte es immer, besonders für Winzerfeste, und da wurde die Tante Marthe, alt geworden, selbstverständlich eingeflogen, aus Buenos Aires, aus Rio, so genau wusste es niemand mehr. Aber immer wurde sie dann im Flughafen von Genf von mehreren abgeholt, Nichten waren es wohl, mit der Zeit halt auch schon grauhaarige Frauen, alle von stämmiger Statur und alle lebhaft. Tante Marthe zählte bei ihrer Ankunft immer, wie viele gekommen waren, ob Renée dabei war und

Suzanne und Marguerite, auch Yolande? und wie sie alle hiessen und meldete dann jeweils denen, die sich telefonisch erkundigten, wie sie denn angekommen sei: Weisst du, meine Liebe, sechs standen parat, es war eine triumphale Heimkehr. Diese Berichte über Tante Marthe lösten sich aber alle in Episoden auf, es waren lückenhafte Berichte, niemand wusste Vollständiges, und niemand kannte Zusammenhänge. Und wie nun ihr Leben war in jenem Buenos Aires oder Rio oder was weiss ich, wie es Alba gehe und der Fabrik des Schwiegersohnes? Tante Marthe erzählte nur jeweils von den Anden, von ihren Ausflügen, von Haustieren, die sie betreute, von Pflanzen, die sie freuten, dies vor allem, sie brachte auch immer blauen Lavendel mit, wie wenn sie sich ständig in Lavendelfeldern aufgehalten hätte. Sie füllte kleine Säckchen mit Lavendel, band sie mit zierlichen Bändern, steckte sie in den Wäscheschrank der Familie, bei der sie untergekommen war. Sie beklagte sich nie, nicht mit der kleinsten Silbe, dass sie sich immer mehr einschränken müsse. Nur dem Inhalt ihres Koffers entnahmen ihre Nichten die Armseligkeit der Umgebung, in der sie lebte. Verschwieg sie alles aus Edelmut? Zur Schonung der Ihren, die nie aus gedrängten Verhältnissen herausfanden, deren kluge Pläne immer wieder scheiterten, weil sie offensichtlich nicht klug genug gewesen waren? Man hatte nie das Gefühl, dass Tante Marthe eigenwillig etwas verschwieg, das negativ war für die Tochter, es war ganz einfach so, dass ihre Lebhaftigkeit an den schönen Dingen, die an ihrem Weg lagen, derart hing, dass sie nur über diese berichtete. Lauter hinreissende Dinge, ein Tälchen, in das man sie sonntags gesetzt hatte, ein Ufergebüsch und immer wieder die schönen Pflanzen und die bunten Vögel. So episodenhaft waren nun die Berichte über die soeben verstorbene Tante Marthe. Weisst du noch, der achtzigste Geburtstag, vielleicht wars der neunzigste gewesen, wer weiss das so genau, als die Delegation des heimatlichen Winzerdorfes in die Stadt kam, wo Tante Marthe untergebracht war? Man war vorbereitet auf hohen Besuch, man hatte Tante Marthe oder die Cousine, wie man sie gern nannte, einfach die Cousine, hergerichtet, man hatte ihr das Haar gewaschen, ein schönes schwarzes Kleid war aufgetrieben worden, jemand hatte ihr einen weissen Schal über die Schultern gelegt, eine Halskette trug sie auch, sie lachte von Herzen, scherzte, man schmücke sie ja wie einen Weihnachtsbaum, bin ich ein Weihnachtsbaum?, sagte sie kokett und liess sich im Salon zum Lehnstuhl beim Klavier führen. Dort thronte sie würdig, als der Gemeindepräsident, ein Rebbauer, eintrat, begleitet vom Polizisten, der den Blumenstrauss trug. Der Pfarrer, auch er in derben schwarzen Schuhen, trug die Tortenschachtel und stellte sie aufs Klavier. Der Gemeindepräsident hielt eine kleine Ansprache, die älteste Bürgerin des Dorfes, in bester Gesundheit, er freue sich, ihr die Wünsche ihrer Heimatgemeinde zu überbringen. Er sprach sehr laut, alte Menschen waren für ihn sowieso schwerhörig und wohl auch etwas schwer von Begriff, deshalb setzte er die Wörter ganz langsam. Da erhob sich die kleine Tante Marthe Madame O. aus ihrem Sessel, nahm ihr vollendetes Französisch in den Mund, sprach leise, zurückhaltend, forderte jetzt den Pfarrer auf, ein Gebet zu sprechen, das fände sie jetzt schön, sie, die dem allem nah sei, wie sie sich ausdrückte, dem Jenseits meinte sie wohl, und den Himmel nahm sie ja auch für sich in Anspruch, also ein Gebet sei heute zu sprechen, ihretwegen und aller hier Anwesenden. Der Pfarrer postierte sich neben das Klavier, der Gemeindepräsident trat etwas zurück, die Tortenschachtel war noch nicht ausgepackt, und weil der Pfarrer klein, das Klavier altmodisch hoch war, lag die Schachtel auf Augenhöhe des betenden Pfarrers. Das tat aber der heiter feierlichen Stimmung im Salon keinen Abbruch, ein paar der beflissenen Frauen hatten sich von ihren Stühlen erhoben, die Männer, die ohnehin standen, suchten einen Platz, um ihr Weinglas abzustellen, sie falteten lose ihre Hände über dem Bauch oder dem Hosenschlitz, anders gings ja nicht. Es war aber nichts Lächerliches an dieser Szene, Tante Marthe war der Mittelpunkt der Veranstaltung, gleich neben dem lieben Gott und eigentlich wichtiger als er, so ganz gegenwärtig, so ganz sie selbst, es war alles richtig in diesem leicht verblichenen Salon, mit den verschiedenen Anwesenden, mit ihren so verschiedenen Lebensläufen, mühsamen und leichten, erfolgsarmen und ertragreichen, alle verbunden in Verehrung und Liebe zur Hauptperson, zur gefeierten kleinen Tante Marthe. Ob Tante Marthe am Schluss nach den Trinksprüchen selber einen Schluck Wein trank, ist schwer auszumachen, sie netzte jedenfalls die Lippen und sprach von den Tagen ihres höchsten Glücks, im Winzerhaus, wenn nach der Weinernte, ganz am Schluss der harten Tage, dort getafelt wurde und getrunken und gesungen und viel geredet. Wisst ihr noch?, rief sie aus und schaute im Kreis herum, triumphierend.

Niemand konnte das Leben der Tante Marthe erzählen, alles schien aufgelöst in Episoden. Jeder schilderte seine Begegnungen mit Marthe, längere, kürzere, wiederholte, einige sprachen auch von Frau O., der vornehmen Frau O., die so grossartige Einladungen gegeben habe, die in ihrer schönen Villa, damals, damals, es lag weit zurück, kultivierte Gäste bewirtet hatte und lebhaft teilnahm an den Gesprächen über Literatur und Musik und selber ausgezeichnet Klavier spielte und sich nicht scheute, auf den Wunsch der Gäste einzugehen und sich selber an den Flügel zu setzen. Es gab viele, die vom Hause O., vor allem von Marthe O. nicht abrückten, als die Villa verkauft und die kleine Wohnung im Bergort bezogen worden war, als die Armut bei den O.s eingezogen und Marthe O., im engen Zimmer, höchstens zu einer Tasse Tee einladen konnte.

Wie sah sie denn aus, die alte Dame, wie war sie, als sie jung war? Und verdutzt kam die Antwort, sie war doch immer die gleiche Tante O., immer dieses kurze starke Haar, diese lebhaften dunklen Augen, die blitzten, in gleicher Weise bei der über Neunzigjährigen wie bei der jungen Frau. Eigentlich sah sie wie eine Italienerin aus, alle hielten sie für eine Italienerin, auch mit weissen Haaren dominierte das dunkle Gesicht und liess auf Südländisches schliessen. Aber man war doch blauäugig in dieser Waadtländerfamilie mit dem hellen Bernereinschlag? Ach, sagte man, vielleicht kams daher, dass Marthe immer viel im Ausland lebte, in Italien hielt man sie für eine Sizilianerin, in Südamerika schätzte man sie als Einheimische. Merkwürdige Erklärungen. Aber der Wahrheit entsprach, dass Tante Marthe mit ihren verschiedenen Wohnsitzen, im Alter musste sie sie, gezwungenermassen, noch häufiger wechseln als in ihrer Jugend, es verstand, sich überall und sogleich einzunisten und ihre kleine Umgebung sofort zu ihrer eigenen zu gestalten. Wie ein Tier steckte sie, wo immer sie war, ihr Revier ab, stattete es mit ihren kleinen Gegenständen aus, es war sofort ihr ureigenstes Reich, und von da aus operierte sie souverän. Im Abteil eines Zuges, im Flugzeug auf einem Sitz konnte sie sich so einrichten, dass sie es gemütlich hatte und ungestört. Und die eine der Nichten, die Cousine Marthe erst in späteren Jahren traf, in den Jahren des erfolgten Zerfalls der Familie O., sie berichtet gern, wie Tante Marthe bei ihr vorbeigekommen sei, auf Durchreisen, fast ohne Geld, mit kleinstem Koffer, fröhlich, heiter, dann aber in der Wohnung dieser Nichte meistens krank wurde, einen Fieberanfall bekam, sagte, es sei nicht schlimm, sie heile sich mit Schlafen, sich dann auch unter die Decken legte und schlief und schlief. Um dann – ärztliche Hilfe hatte sie immer ausgeschlagen – eines Morgens erstarkt aufzuwachen, sich selber aber noch Bettruhe verordnete, sich und ihre Welt nun einrichtete im Bett, nach Nähzeug rief, anfing zu flicken und zu stopfen, auch die kaputten Sachen der Nichte. Bücher auslegte, alles auf der Bettdecke, ihr Schreibzeug aus dem Koffer holte, anfing, mit grosser Schrift, Briefe zu schreiben, eine Art Billets, welche die Nichte dann zur Post trug. Meistens waren es Luftpostbriefe und mussten weit wegfliegen. Mit den erwachenden Lebensgeistern erstarkte auch die Stimme von Tante Marthe, sie hatte eine sehr laute Stimme, eine tiefe Stimme, eine wohllautende Stimme, eine Stimme ohne jeden ärgerlichen Unterton, eine direkte, eine herzhafte Stimme. Jetzt ist ja alles gut, erzählte sie, siehst du, mein Koffer mit den bessern Sachen drin ist vor zwei Monaten, auf dem Flug von Südamerika nach Genf, verloren gegangen, man hat mir für das Fest dann ausgeholfen (es war das grosse waadtländische Winzerfest, das berühmte Viviserfest gewesen, Tante Marthe war zu ihrem Geburtstag – es war sicher ihr siebzigster Geburtstag, ganz sicher, denn es ist lange her, sagten die andern – also zu diesem Geburtstag war sie in ihre Heimat zurückgekommen, eingeladenerweise, so gern hätte sie, wie sie in ihren Briefen geschrieben hatte, vor ihrem Tod ihr Land, ihr *pays,* das war eben Vivis und die Umgebung, noch einmal gesehen, und dann das Fest, bei jeder Vorstellung war sie dabei, sass in der ersten Reihe und krempelte das Fest zu ihrem Fest um, es wurde ihr dargebracht, so fühlte sie), ausgeholfen also hatte man mit lauter schönen Kleidern, alle durfte ich behalten, und nun ist, siehst du, *Chérie,* der Koffer mit den guten Sachen, der sich nach Indien verirrt hat, nach zwei Monaten zurückgekommen, jetzt habe ich alles doppelt, bin ich nicht ein Glückskind?

Das Glückskind, eine kleine alte Frau mit ihrem festen kurzen weissen Haar, der grossen Nase, den alles beherrschenden leuchtenden Augen – sie erblindete, als sie ganz alt war, fast vollständig, liess sich führen und liess sich die Aussicht erklären, sah aber doch fast alles, besonders die Saumlänge an den Kleidern ihrer Besucher, findest du nicht, dein Kleid sei zwei Zentimeter zu kurz, sagte sie zu einer ihrer jungen Nichten – sass im Bett, links das Nähzeug, rechts das Schreibzeug, auf den Knien Bücher und Zeitungen, ihr müder Rücken gestützt von Kissen, sie wohnte im Bett, hantierte, tat, rief, regierte bisweilen; war sie am Ende eine Indianerin? Die phantasievolle Nichte, diesmal war sie bei einer Phantasievollen krank geworden, vermutete es. Jedenfalls hatte sie sich mit wenig Strichen und Anordnungen ihre Umgebung geschaffen und hockte mitten in der Welt. Es war wohl damals, als sie für einmal weder nähte noch schrieb, weder Tee trank noch schlief, sondern ausnahmsweise still im Bett ruhte und auf das Wiedererwachen ihrer Kräfte für die nächste Reise, die nächste Versetzung wartete, dass sie anfing zu erzählen, nicht äusserlich zusammenhängend, aber wie nach innen lauschend, da erzählte sie von der grossen Liebe ihres Lebens. Ja, in Dresden, ein italienischer Musiker. Vielleicht ihr Lehrer? Nein, nein, ein Künstler, der zufällig in dieser Stadt ein Konzert gab. Sie verliebten sich ineinander, der ältere Mann in das junge Mädchen, das von Anfang an so klug war zu spüren, dass diese Verbindung nie in ordentliche Bahnen, in eine feste Bindung sich umwandeln liesse, dies aber in Kauf nahm, von Anfang an, es war eine jubelnde Liebe, sie habe sie nie vergessen, ihr ganzes langes Leben lang, sagte die Frau. Diese Liebe habe ihr Leben bereichert, immer habe sie daran zurückdenken können. Innen drin darauf zurückgreifen, nie sei die Quelle versiegt. Und weisst du, sagte sie, ein wenig verschmitzt, ich fühlte die Stunde, als er starb. Ich weiss genau, an welchem Tag und zu welcher Stunde er starb. Er war mir gegenwärtig in jenem Augenblick, wie wenn er mich riefe. Und ich wusste genau, jetzt stirbt er. Und ich mit ihm.

Ein kitschiges Ende? Ein grossartiges, dachte die Nichte. Sie hatte aber doch ein Ohr dafür, als eine ganz junge Nichte, eine Gross-, eine Kleincousine oder eben Grossnichte – in der dritten oder vierten Generation –, nicht die fürwitzige, die den unpassenden Trinkspruch inmitten der tafelnden Trauergemeinde im Welschland ausgerufen hatte, in Verehrung für die Tante Marthe, die sie flüchtig gekannt, aber innig geliebt hatte, nein, eine, die Tante Marthe nicht gekannt, von ihrem Charme nicht berührt worden war und nur widerwillig, ihrer Mutter zuliebe, an die Beerdigung, an die zweite, die deutschsprachige der Tante Marthe, gekommen war und die jetzt die lebhaften Erinnerungsgespräche an diese Frau lächelnd verfolgte, überlegen lächelnd, das war sie ihrer Generation und ihrer politischen Einstellung schuldig, und sie fand es – man war inzwischen beim Kaffee angelangt im Restaurant ganz in der Nähe des zentralen Friedhofs –, sie fand es an der Zeit, nun auch eine Bemerkung in die Runde zu werfen, sie sagte zu ihrer Nachbarin: Eure, sie sagte nicht unsere, sie sagte, eure Tante Marthe war ja eine richtige Bürgersfrau, ganz 19. Jahrhundert. Die Nachbarin antwortete nicht, sie fand die Einwürfe dieses Mädchens von vornherein daneben und nicht zu beachten, aber die entfernte, ernsthafte, in die Familie nicht besonders integrierte Cousine wandte sich an die kleine Hübsche, die endlich den Mund aufgetan hatte, meinte, wie recht sie habe, für sie, die Junge, gewiss eine Figur des 19. Jahrhunderts, ja vielleicht, so könne mans sagen, obschon, und sie lachte dabei, man sich die Tante Marthe, jetzt, im Nachhinein, an einer Demo vorstellen könne. Das Auflüpfische habe ihr ja nie gefehlt, auch habe sie gern so eine Art Turnschuhe getragen, schwarze Schlappen, und geschwind sei sie gelaufen, bevor sie alt geworden sei und ihre Beine krumm. Und, fügte sie ernster hinzu, politisch habe sie sich wohl nie betätigt, und in der Öffentlichkeit sei sie nie aufgetreten, wenn die junge Frau danach frage, daran interessiert sei. Ja, die Rolle der Frau, im kleinen Kreis. Aber die Rolle habe sie doch nie unbedacht übernommen, ihren kleinen Kreis habe sie zwar nicht verlassen aber emanzipiert gehandhabt, wenn man das so sagen könne, ihre eigenen Gedanken konsequent gelebt, unauffällig, halt ohne Demo, aber sie habe in jedem Augenblick den Eindruck eines freien Menschen gemacht auf alle, die mit ihr zu tun hatten. Eines freien, eines ungebeugten Menschen, eines Menschen mit einer geistigen Kraft; zwar ohne Parole, ja, ohne Parole und nicht übertüncht mit Konventionen, auch nicht in sogenannt linke eingezwängt.

Ein schönes Stück Freiheit hat sie gelebt, im kleinen Kreis. Und deshalb ist es wohl richtig, dass wir von ihr erzählen, von Tante Marthe.

KÖNIGIN BARBARA

Sie hiess Barbara N. Am Mittagstisch im Quartierhaus kümmerten wir uns zwar nicht um ihren Vornamen, redeten sie mit Frau N. an. Erst als sie im Spital lag, meldete einer von uns, Barbara lasse grüssen, er habe sie besucht. Und lange nach ihrem mühsamen Tod erinnere ich mich an unsere Gespräche und denke, dass diese kleine, dicke Person in ihrer direkten Art Königliches ausstrahlte: Herrschelig durchbrach sie Falsches, gestaltete ihre Umwelt und auch die Institutionen nach eigenem Gutdünken. Und sie lehrte uns die respektvollen Gesten gegenüber der Würde des andern Menschen, eine Verschiebung des Herzens; knapp wies sie auf Dinge hin, die wir vergessen hatten, abgelenkt wie wir sind in dieser Welt universeller Informationen.

Das Aufwischen des Bodens im Postbüro frühmorgens, nachdem viele Schuhe das Schwarze des Schneematsches hineingetragen hatten, das sei ihr verleidet. Nein, da gab es noch keine Maschinen, die leicht über die Flächen gleiten, von Hand, mit Bürste und Feglumpen, auf den Knien. Wechsel, und Putzen eines Architekturateliers, über die Mittagszeit, wenn einige der Herren anwesend waren, das ihre Bedingung. Frau N. wollte einmal am Tag mit andern reden können, möglichst mit Studierten, damit sie etwas lerne.

Einmal, als wir um den grossen Tisch die Suppe löffelten, zog Frau N. das Portemonnaie aus der Schürzentasche, kramte darin, drückte E., die für uns gekocht hatte, freudig einige Franken in die Hand, für die grosse Reise. Denn E. erzählte gerade, sie fliege demnächst nach Brasilien zur Hochzeit ihrer jungen Tochter, das Brautkleid habe sie fertig genäht, nun suche sie ein günstiges Ticket.

Frau N. war kleingewachsen, ihre Beine sehr kurz, dick auch, sie baumelten über dem Boden, wenn sie sass. Diese Beine dienten ihr schlecht und immer schlechter, schliesslich konnte

Frau N. nur noch auf allen vieren die Treppe hinauf- und hinuntersteigen.

Es war ein stürmischer Tag, als wir der Achtzigjährigen am Geburtstag unsere Aufwartung machten. Gelassen nahm sie sie entgegen. Es blies durch die Gasse bis in den Hausgang der Frau N., wir hatten einige Mühe, bis die achtzig Kerzen auf der Torte gleichzeitig brannten und Wein und Blumen ordentlich in die Stube getragen werden konnten. Ein schöner Tag für sie, meinte Frau N., das Allerschönste aber sei am Vormittag passiert, Kinder aus dem nahen Kindergarten hätten ihr Zeichnungen gemacht und ihr Lieder gesungen, alles Lieder, die sie von früher her kenne.

Von früher sprach Frau N. meistens nur in kurzen Szenenberichten, immer in unerwartetem Zusammenhang. Wie gerne wäre sie in die Sekundarschule gegangen, der Primarlehrer hätte es auch vorgeschlagen, aber ihre Pflegefamilie fands überflüssig. Es war damals schon ihre dritte oder vierte Familie gewesen, sie war ein Verdingkind und wurde oft verschoben. Nach der Schule sofort eine Stelle als Haushaltshilfe.

Und Ihre Mutter, Frau N.? «Meine Mutter habe ich zum ersten Mal gesehen, als sie im Sarg lag. Aber an die Beerdigung bin ich nicht gegangen, und habe auch nichts bezahlt ans Grab, das wollten die von mir.» Eines Tages sei ein fremder Mann vor ihrer Türe gewesen, sagte, er sei ein Sohn derselben Mutter, meine Mutter sei gestorben, ich solle vorbeikommen. Er war demnach ein Halbbruder von mir. «Da hörte ich zum ersten Mal, wer meine Mutter war. Die hat also immer gewusst, wo ich bin, alle diese Jahre, und ist nie gekommen. Da bin ich nicht an ihre Beerdigung gegangen.»

Frau N. redete gern in der Gegenwartsform. Deshalb war das, was sie erzählte, immer gerade gestern passiert oder am selben Tag. «Diese Blumen da», und sie deutete auf den Tisch, «solche Blumen hat mir das Rösli gebracht und mir in den Schoss gelegt.»

«Es wäre jetzt fünfzig Jahre alt, das Rösli.»

«Es wollte immer hinausgehen, es wollte springen und laufen. Die Frau nebenan sagte, gehen wir doch mit den Kindern auf den Platzspitz, es ist ein so schönes Wetter heute. Das Rösli klammerte sich an die Türfalle, bettelte. Und da ich ja sowieso noch zur Krankenkasse musste, gab ich nach.»

Es war ein sonniger Tag auf dem Platzspitz, die Mütter sassen im Gras, die kleinen Mädchen leichtfüssig unterwegs und lustig. Und einen kleinen Strauss brachte das Rösli der Mama, legte ihn ihr in den Schoss. Solche, wie sie jetzt auf dem Tisch stehen. Das war das Letzte.

Alles Rufen, Suchen, Fragen nützte nichts. Das Kind war verschwunden. Die Polizei suchte auch. Die Polizei sagte dann zu Frau N., sie solle doch jetzt heimgehen. Die Polizei hatte Spuren gefunden am Bord der Sihl hinunter.

Frau N. hat das Kind nie mehr gesehen, auch im Sarg nicht, die Polizei sagte, es ist besser so. Das Kind hat sich verändert nach vier Tagen im Wasser. Das Kleidchen, die Schuhe, die musste Frau N. auf der Kriminalpolizei identifizieren als das Röckchen und die Schuhe vom Rösli.

«Mein Mann? Ich weiss nicht, ob er noch lebt. Er war Schreiner. Ja, eine Zeitlang nach dem Tod vom Rösli sagte ich ihm, ich möchte halt noch gern ein Kind haben.

‹Kommt nicht in Frage, du lässt sie mir sowieso ertrinken.›

Da sagte ich zu ihm: ‹Dort ist die Türe. Gehe jetzt, und komme gar nie mehr zurück.› Er hat im Korridor dann noch zwei-, dreimal übernachtet, bis er auszog.»

Frau N. sagte zum Doktor im Spital, als sie zur Kontrolle hinaufmusste und er sie gleich dabehalten wollte: «Lassen Sie sich etwas einfallen, jetzt, wo es zum Letzten geht. Ich habe mein Leben lang Krankenkasse bezahlt, und ich möchte nicht mehr in ein Achterzimmer wie voriges Mal.»

Sie lag in einem Zweierzimmer. Die Kinderzeichnungen an der Wand, viele Besuche. «Nie hätte ich mir gedacht, dass ich es einmal so schön haben würde», sagte Frau N. zwischen den Schmerzen. E. hielt ihr die Hand, als es zum Ende ging. Sie wischte ihr den Schweiss vom Gesicht. Als das Atmen aufhörte, holte E. den Arzt. Der sagte zu E.: «Wissen Sie, wie viele Stunden Sie hier sassen? Ich lasse Ihnen jetzt etwas zum Essen und zum Trinken holen. Aber Sie können hier sitzen, so lange Sie wollen.»

E. blieb, bis es tagte. So hatte Frau N. ihre Totenwache, wie es Königinnen gebührt.

DEZEMBER ZU HAUSE

Rauchschwaden aus dem Kamin von drüben,
ein Wind zerfetzt sie.
Schon dämmerts.
Die Äste der Buche
glatt vor Nässe und schwarz,
ungeschützt jede Krümmung
und ohne Blattkleid.
Rindenwelt? Ein
vollkommenes Astganzes.
Woher die Kraft
so zu wachsen?

EINE FRAU, EIN MANN, EIN HUND

Eine Frau, ein Mann, ein Hund. Diese drei. Aber nie sah man alle drei zusammen. Der Mann ging mit dem Hund spazieren oder mit der Frau. Die Frau allein sah man nicht, nie den Hund allein. Allein ging der Mann auch nie aus, er hatte entweder den Hund bei sich oder die Frau. Die Frau blieb daheim, wenn Mann und Hund spazierten, der Hund durfte nicht mit, wenn Frau und Mann ausgingen. Jeder hatte sich daran gewöhnt, dass es so war. Anfangs hatte die Frau gekeift, wenn der Mann gleichzeitig mit ihr den Hund mitnehmen wollte. Wann hatte der Hund begriffen, dass es so lief? Wann hatte er aufgehört, mit dem Schwanz zu wedeln, wenn beide die Treppe herunterkamen und der Mann die Haustüre aufschloss? Der Hund wohnte im Parterre, er hatte einen schönen grossen Korb – er war ein grosser Hund – und eine feine Matratze. Sein Halsband lag auf der Matratze, wenn der Hund zu Hause war, es wurde ihm nur zum Ausgehen umgelegt. Nachdem eines Tages der Hund gestorben war, räumte der Mann den Korb nicht weg, und er liess das Halsband auf der Hundematratze liegen. Es sah aus wie ein lederner Totenkranz und machte den Mann sehr traurig. Die Frau blickte nicht hin. Sie sagte auch nichts.

Nachdem der Hund gestorben und nur noch das lederne Halsband auf dem Korb zurückgeblieben war, war der Mann allein mit der Frau, konnte nur noch mit der Frau spazieren gehen, nie mehr mit dem Hund. Jetzt konnte der Mann mit niemandem mehr reden, auch auf Spaziergängen nicht. Denn früher hatte er auf der Strasse den Namen des Hundes alle paar Schritte geflüstert. «Harro», hatte er gesagt, und jedes Mal rückte das Tier etwas näher ans linke Bein des Mannes. Wann hatte das Sprechen mit der Frau aufgehört? Das wusste niemand zu sagen. Weder Frau noch Mann überlegten es sich. Es war einfach so gekommen. Als die Sprache zwischen Frau und Mann ausfiel, beachteten sie sich gegenseitig noch via Hund.

Denn vor seinem Eingehen und nachdem er schon gebrechlich geworden war, wie Frau und Mann ja auch, bekam der Hund hie und da die Erlaubnis, auf die Terrasse zu kommen, wenn Frau und Mann dort Tee tranken. Der Mann war inzwischen so revolutionär aufgelegt, dass er es wagte, dem Hund eine Sprüngli-Leckerei ins Maul zu legen. Wenn dann die Frau milde gestimmt war, tat sie dasselbe. So hatte der Hund es gut, und Frau und Mann waren versöhnt.

Jetzt waren also Frau und Mann allein, sprachen nicht mehr miteinander und waren nicht mehr milde, weil sie ihrem Hund, seit er tot war, keine Sprüngli-Leckereien ins Maul schieben konnten. Plötzlich, beim Spazieren, ergriff die Frau die Schulter des Mannes und stützte sich darauf. Sie war eine grossgewachsene Frau, und auf ihre grosse Gestalt setzte sie sich einen Hut. Da war sie noch viel grösser. Auch ohne Hut war sie fast einen Kopf grösser als ihr Mann. Da sprach der Mann plötzlich wieder. «Bitte schön», sagte er. Er war Coiffeur gewesen und hatte im Salon seine Kunden, wenn sie sich für gute Bedienung bedankten, immer mit «bitte schön» verabschiedet. Jetzt trat er sofort auf die Strasse, überliess seiner Frau den Trottoirrand, so konnte sich die Frau, ohne Verrenkung, auf die Schulter des Mannes stützen. In dieser Position war die Frau zwei Köpfe grösser als der Mann. Wer den beiden begegnete, bewunderte ihr perfektes Gleichgewicht. Niemand wusste, dass das «bitte schön» eine Replik war auf den Morgenruf der Frau *bath ready,* der Mann stürzte sich dann ins laue Wasser der Wanne, das ihm seine Frau überliess, nachdem sie gebadet hatte.

Jetzt, wo der grosse Hund tot ist, das Halsband wie ein Lederkranz im Hundekorb liegt, jetzt, wo die grosse Frau nicht mehr *bath ready* schreit, weil sie längst nicht mehr in die Wanne steigen kann, jetzt, wo der kleine Mann nicht mehr badet, weil kein Badewasser, das seine Frau benützte, lau für ihn zurückbleibt, jetzt, wo der Mann nicht mehr «bitte schön» sagt wie früher im Salon – ist die Situation völlig durcheinander. Jetzt könnte die Frau dem Mann das lederne Halsband anlegen und den Mann zum Spazieren an der Leine führen. Oder der Mann könnte sich den Hut der Frau aufsetzen. Auf seinem Kopf würde er nicht wackeln. Oder die Frau könnte die Sprüngli-Leckereien in einer Tasche mitnehmen und den Mann an einer Strassenecke damit füttern. Vielleicht würde der kleine Mann aber die Luxemburgerli – vor allem die schokoladenen, die hatten dem Hund besser geschmeckt als die eiweissweissen – in die Luft werfen, bis die Frau danach schnappte. Zu Hause aber würde der wieder lebendig gewordene Hund baden und alles verspritzen, auch wenn man ihm nicht befohlen hätte: *Bath ready*. Der Hund war der Einzige der drei, der merkte, dass das Englische dieses Befehls unkorrekt war.

DIE VERWEIGERUNG

Heute erzähle ich dir eine Geschichte, eine, die seit Jahrzehnten zu meinen Lieblingslektüren gehört, mich immer sehr amüsiert hat. Jetzt, alt geworden, lese ich sie neu, und sie berührt mich auf andere Weise.

Vielleicht kennst du Herman Melvilles «Bartleby, der Schreiber», eine Erzählung aus der Wall Street, 19. Jahrhundert? Damals hiessen die Sekretäre auf einem Anwaltsbüro Schreiber oder Kopisten. Sie mussten juristische Dokumente und Zahlenkolonnen abschreiben und dann, zu zweit, die Kopierarbeit mit dem Original vergleichen. Das Licht drang durch einen hohen Lichtschacht in den Raum der Advokatur, die Aussicht ging auf die gegenüberstehende Brandmauer. Der Icherzähler, nämlich der Chef, bezeichnet sich als erfolgreichen und sehr sicheren Anwalt, der sich seine Aufträge bedacht eingerichtet hat, denn er will ein gemächliches Leben führen. Sein erster Vorzug, so berichtet er, sei die Vorsicht, sein zweiter die Methodik, er habe nie plädiert, um den Beifall der Öffentlichkeit auf sich zu ziehen, vielmehr tätige er «in der kühlen Stille eines behaglichen Schlupfwinkels behagliche Geschäfte mit Wertpapieren, Hypothekarbriefen und Besitzurkunden der Reichen». Ein überlegener, ein von sich überzeugter Mann also, dieser New Yorker Anwalt – bis ihn die Figur eines seiner Schreiber, Bartleby, verärgert und schliesslich tief verunsichert und verändert.

Zuerst nimmt er es mit Humor, dass eines Tages Bartleby sich weigert, seine Kopierarbeit überprüfen zu lassen. Die Schreibkollegen mit den Spitznamen Truthahn, Zange, Pfeffernuss mokieren sich über die Weigerung Bartlebys, dann reklamieren sie unwillig. Der Chef reagiert hilflos, als er zum x-ten Mal Bartlebys *I would prefer not to* – «ich möchte lieber nicht» – der sich zum stereotypen Satz *I prefer not to* steigert, vom stillen Mann mit grösster Höflichkeit ausgesprochen. Nichts mehr zu machen mit diesem Schreiber, alles prallt an ihm ab. Der Chef realisiert allmählich, dass Bartleby, der sich hinter seinen Wandschirm zurückgezogen hat, seit Wochen dort isst und schläft, er lässt sich aber auch nicht hinauswerfen. Unhaltbare Zustände. Der Anwalt mietet andere Kanzleiräume, die Polizei kümmert sich um den Verwahrlosten, der am Schluss im Gefängnis landet. Den Wall-Street-Anwalt lässt diese merkwürdige Geschichte nicht los, beunruhigt sucht er ihn im Gefängnis auf, er findet ihn im trostlosen Hof, den Kopf an eine Mauer gelehnt. «Der isst nicht mehr, und jetzt schläft er», ruft der umherziehende Fressalienmensch dem Besucher zu; dieser beugt sich über Bartleby, sieht, dass er tot ist, murmelt, ja, er schlafe, aber «mit den Königen und Ratsherren», und später seufzt er, als er ihm die Augen zudrückt: «Ach, Bartleby! Ach, Menschheit!» Der sichere Anwalt hat durch das Verhalten seines Schreibers etwas gelernt, von dem er vorher keine Ahnung hatte: die stille Verweigerung als Emanzipation.

DAS KÄUZCHEN RUFT

Unerwartet ein Käuzchen,
bald hier, bald dort,
es narrt dich mit Rufen.
Wo steckt es, das Käuzchen,
welcher Baum ist der seine?

Keiner, sagt das Käuzchen,
geht dich nichts an,
ich rufe nur mir.

UND SCHWEIGEN LEGTE SICH AUF
PLATZ UND DORF

In memoriam Jules Ferdmann, 1889–1962, und was ich
damals in Davos durch ihn über die Welt lernte

«Wenn ich so über die Promenade schleiche, weiss kein Mensch, dass ich auf ungesattelten Pferden über samarische Erde ritt.»
Er lächelt, bleibt stehen, hat Mühe zu atmen.

Die junge Frau wundert sich, dass dieser stille Mann, Redaktor einer Zeitschrift, Lokalhistoriker dieses Kurortes, das zu ihr sagt. Er ist nicht viel jünger als ihr Vater, und sie kennt ihn kaum.

Aber sie denkt über diesen überraschenden Satz nicht lange nach, hat ja auch die Skier geschultert, eilt zur Parsennbahn, wahrscheinlich lockt eine Abfahrt im Pulverschnee.

Es muss 1943 gewesen sein, es hatte die knapp Dreissigjährige wegen des Krieges nach Davos verschlagen. Im Ausland, in Schweden, wo ihr Mann und sie gewohnt hatten, gab es für Ausländer keine Arbeitserlaubnis mehr, so waren sie Heimkehrer geworden.

Der Ehemann, Architekt, zeichnete jetzt Grundrisse für Sanatoriumsbauten, spezialisierte sich auf Flachdächer, die Schneemassen auszuhalten haben, sie besorgte einen kleinen Haushalt, kochte, wie immer, für mehrere, machte Übersetzungen, so nebenbei, denn die grosse Herausforderung für sie waren die Berge vor der Haustüre: Klettertouren im Gestein unter der Führung des alten Bergführers Puntz, der ausführlich und kundig die Bergflora erklärte – als Verschnaufpause, wie die Touristin mit der Zeit feststellte –, einmal mit dem Velo auf den Flüelapass und von dort Besteigung des Flüelahorns, zusammen mit einer Freundin, die redet heute noch darüber. Dann das Skifahren bis in den späten Frühling, die letzten Schneefetzen suchend, schliesslich übers Gras hüpfend bis zur

Talsohle. Viel Spass, viel Freiheit nach ungewissen ersten Kriegsjahren im Norden. Dort hatte die Ausgewanderte das Bangen, die Ängste ihrer Freunde mitgemacht, es waren Flüchtlinge, Emigrierte, alles Papierlose, die ein widriges Schicksal ins neutrale Schweden geschwemmt hatte. Die waren nun eingesperrt. Die deutsche Wehrmacht hatte zuerst Dänemark, dann Norwegen besetzt, auch ein Fluchtweg nach Osten, nach Finnland, war seit Jahren unmöglich geworden. Was würde mit ihnen geschehen, wenn die deutschen Soldaten weiter vorrückten? Und sie alle hatten keine Nachrichten mehr von ihren Angehörigen, die in Gefängnissen sassen, in Konzentrationslagern verschwunden waren. War diese jüngste Vergangenheit, welche die Heimkehrerin derart beeindruckt hatte und nun weiterhin beschäftigte, die Ursache dafür, dass ihre Aufmerksamkeit für die nächste Umgebung so schwach, so blass, so gedämpft war? Dass sie nichts wahrnahm und nur ihren persönlichen Neigungen nachgab? Nichts merkte, nichts spürte sie von der Stimmung im Hochtal.

Oder war sie vielleicht auch durch persönliche Probleme so eingeengt, dass ihr jeder Sinn fürs Davoser Befinden abging und sie auf egoistischen Spuren vorwärts torkelte?

Aber nach und nach waren die rassigsten Abfahrten, die diszipliniertesten Gratwanderung nicht mehr imstande, ihr Gehör zu dämpfen und ihren Blick zu trüben.

Es war Föhnzeit. Viel Schnee war gefallen, Massen lagen auf Höhen und Hängen. Die Gefahr, dass sie ins Rutschen gerieten, wuchs von Stunde zu Stunde. Es brauchte keine Warnungen vom Weissfluhjoch, man müsse aufpassen, jedermann war wie gebannt von dieser unheilvollen Stille. Die Welt war lautlos geworden, keine Autos mehr auf der Dorfstrasse, das Pfeifen der Rhätischen Bahn von weither, sie hielt an in Klosters, und von Tiefencastel herauf näherte sie sich auch nicht mehr. Die junge Frau war auf dem Wolfbach, ob dem See heisst es dort, in einem Bauernhaus festgehalten worden, rührte sich nicht mehr von der Stelle. Das Warten, die Stille nahmen ihr den Atem.

Sie bemerkte damals zum ersten Mal, dass die Schweigsamkeit an ihrem neuen Wohnort, dem Platz und dem Dorf gleichermassen, nichts mit der Natur, nichts mit bäuerlicher Wortkargheit zu tun hatte. Es handelte sich eher um ein grosses Misstrauen. Jeder begegnete dem andern mit Vorsicht, nirgendwo spontane Sympathie, einer des andern Feind, so schien es. Nicht einmal die Lager, hier deutschfreundlich, dort deutschfeindlich, zeigten sich offen, sie bekämpften sich nicht nach Überzeugung, man schwieg, man misstraute, jedermann verdächtigte den andern.

Erst nach der bangvollen Stille vor einem Lawinenniedergang wurde die junge Frau auf das grosse Schweigen aufmerksam. Und erst nachdem sie in ihre kinderlose Ehe ein Flüchtlingskind aufgenommen hatte, es sollte ein jüdisches sein, das aus einem schweizerischen Internierungslager in private Pflege freigegeben wurde, entdeckte sie, dass eine Freundin, damals Ärztin im deutschen Sanatorium, sie nicht mehr besuchte und auch andere frühere Gäste es vermieden, sie zu treffen oder an ihre Wohnungstüre zu klopfen. Endlich fiel es ihr wie Schuppen von den Augen, dass man in seiner Heimat wie im Feindesland behandelt wurde. Dies amüsierte die junge Frau zunächst eher, sie war geübt darin, schwierige Situationen spielerisch zu umgehen, blieb aber weiterhin naiv. Da sie keine Zeitungen las, keine Radionachrichten hörte, wusste sie nicht einmal, dass ein David Frankfurter, ein jüdischer Student aus Jugoslawien, in Chur im Gefängnis sass, weil er den deutschen Gauleiter in der Schweiz, der seine Landsleute auf den Nationalsozialsozialismus und auf Judenhass getrimmt und von Hitlers Gnaden in Davos gelebt hatte, diesen Wilhelm Gustloff 1936 ermordet hatte. Dabei lebte sie am Ort jener Tat, die so viel Aufsehen erregt hatte. Sie war hier, als der zu lebenslänglicher Haft verurteilte Mörder nach acht Jahren im Churer Zuchthaus Sennhof begnadigt und weggeschickt wurde. Davon redete man sicher in der ganzen Schweiz, nur im betroffenen Davos schwieg man. Sie war auch ahnungslos, als sie kurz vor Kriegsende, bei der Trennung von ihrem Ehemann, als juristischen Berater den gescheiten und gütigen Davoser Anwalt Silberroth wählte – er nahm sich dann auch souverän der etwas ungebärdigen Klientin an und half ihr, ihren neuen selbständigen Weg einzuschlagen –, der ein Verteidiger des jungen Frankfurter gewesen war. (So viel Unwissenheit der skifahrenden Bewohnerin des Kurortes Davos. Als sie nach Jahrzehnten das Buch «Mord in Davos» von Emil Ludwig und Peter O. Chotjewitz in die Hand bekam und endlich zur Kenntnis nahm, schämte sie sich schon ein wenig.)

Aber sie weiss nun auch, dass die Begegnung mit Jules Ferdmann ihr Auge und Ohr geöffnet hatte, dass es ein Geschenk für sie war, dass der verschlossene Ferdmann sie als Zuhörerin auswählte und erzählte und erzählte. Und jetzt will sie erzählen, wie alles so kam. Nicht nur aus Abenteuerlust, sondern auch im Andenken an July Michailowitsch Ferdmann – wir werden ihn von jetzt an JF nennen – fuhr die Person Jahrzehnte später durch Sibirien und machte einen längeren Aufenthalt in Irkutsk, weil auch JF dort gelebt hatte. Als sie dorthin reiste, war JF längst gestorben.

Wie aber kam alles, in jenen Davoser Jahren, dass ein Leben sich vor LW ausbreitete, das von Samara über Sibirien bis nach Davos tapfer und klug und mit vielen schweren Gedanken gelebt worden war?

Er war ein stiller, ein schweigsamer, ein äusserst verschlossener Mensch gewesen, so war er ihr vorgekommen, dieser JF, mit feinen Gesichtszügen und einem traurigen Mund. Dann einmal, auf der Promenade, diese Bemerkung über ungesattelte Pferde. LW war weitergeeilt, hatte nicht aufgepasst. Aber sie hatte den Redaktor später aufgesucht auf seiner Redaktion. In der Küche seiner Wohnung, an einem grossen Tisch. Man musste viele Manuskripte abräumen, wenn man essen sollte. Seine Frau Helga hatte gekocht, das Kind war auch da, die kleine Maria, die von ihrem Vater zärtlich Mariechen gerufen wurde. Das Mariechen drehte oft seine Runden auf dem Eisplatz, hübsch, begabt, mit noch ein wenig eckigen Kinderbeinen. Würde sie eine Eisläuferin werden? Das fragten sich nur wir Aussenstehenden.

Maria schien ein fröhliches Kind, der Vater war glücklich, seine zweite Frau gefunden zu haben, denn Mariechens Mutter war an der Geburt des Kindes gestorben, und nun diese zweite Frau, die voll und ganz ihre neuen Mutterpflichten liebevoll übernommen hatte und ausserdem eine überaus tüchtige, schreibgewandte Partnerin dieses Redaktors geworden war. Ich kannte kaum jemanden, der die deutsche Sprache so genau kannte wie sie, die Helga Ferdmann. Sie würde dann auch später, nach dem Tode ihres Mannes, sein Werk, die «Davoser Revue», weiterführen und in Davos als hervorragende Journalistin weiterwirken.

Warum der Redaktor auf dem Küchentisch redigierte und schrieb und korrigierte, das weiss ich nicht mehr. Er war gern mit den Seinen zusammen. Und dann war wohl auch sein Arbeitsraum derart voll mit Büchern, mit Zeitschriften belegt, jeder Stuhl mit Manuskripten, dass es einzig der Küchentisch war, auf dem sich der Redaktor ausbreiten konnte. Und LW lernte ein neues Handwerk: grösste Genauigkeit des Schreibens, das richtige Wort finden, fremde Manuskripte mit Respekt gegenüber dem Autor behandeln. Sie staunte. LW war am Übersetzen eines Buches, auch ernsthaft gesinnt, ja, das sicher, aber sie gab dieser Arbeit zu wenig Raum, glaubte, sie nicht sichtbar machen zu müssen, ein Hobby halt. Das verging ihr rapid, als sie die Arbeit der Ferdmanns kennenlernte und wohl viele Stunden in der Redaktionsküche verbrachte. So kam es einmal dazu, sicher auf Anfrage des JF, der sich nach der Übersetzungsarbeit der LW erkundigte, dass sie das Buch, an dem sie im Auftrag des Verlegers Arthur Frey arbeitete, zu den Ferdmanns mitnahm und es ihnen zeigte. Es handelte sich um einen Bericht des Patriarchen Sergius über die Religion in Russland in diesen Kriegsjahren, würde dann auch den Titel bekommen «Die Wahrheit über die Religion in Russland» und gehörte in die Dokumentationsreihe des Evangelischen Verlags, der sich zum Ziel gemacht hatte, über die Kirchen in diktatorisch regierten Ländern zu informieren. Die Schrift, auf Russisch geschrieben, war zu jener Zeit nur als schwedische Übersetzung zugänglich, deshalb kam LW zum Zug. Natürlich nahm JF sie sorgfältig in die Hand, so behutsam, wie er alles Geschriebene behandelte, schob die Brille auf die Stirn, eine Geste, die ihm sehr eigen war, und suchte, da ihm das Schwedische nicht geläufig war, die paar wenigen sehr kleinen Fotos zu entziffern. Sein Blick blieb dann an einem kleinen Bild hängen, auf dem man, von hinten aufgenommen, betende Frauen, in Kopftücher verhüllt, erkannte. Darunter die Angabe, dass es sich um das Innere einer noch funktionierenden Kirche in Kuibyschev handelte. JF, immer mit seiner leisen Stimme, aber diesmal überrascht, gefühlvoll, tief ergriffen, rief aus: «Kuibyschev – Samara. Meine Heimat.» Wir staunten, wir erschraken schier über seine ungewohnte Heftigkeit. LW erfuhr zum ersten Mal, dass er kein Hiesiger war, dass er von weit her kam, dass er sich soeben zu seiner Geburtsstadt, seinem Herkommen bekannte. Ihr kam wieder der Satz über die ungesattelten Pferde in den Sinn, den sie leichtfertig abgetan und vergessen hatte. Die andern Anwesenden, daran gewöhnt, dass man schwieg in diesem Davoser Tal und gefühlvolle, spontane Äusserungen besser mied, bewegten sich nicht.

Eine nächste Szene: Dieser eigenartige Karfreitag 1944 oder 1945, in der Wohnung der Ferdmanns in Davos. Wir sassen um den Küchentisch, wir assen, es müssen mehrere Leute versammelt gewesen sein.

Inzwischen hatte LW das eindrückliche Wirken von JF besser kennengelernt. Er redigierte nicht nur mit grösster Kenntnis die Zeitschrift, diese «Davoser Revue», und verlegte sie unter grössten Schwierigkeiten – wie das nötige Geld durch Inserate immer hereinzubringen ein mühseliges Geschäft –, er war auch der Historiker des Ortes geworden. Er wühlte in Archiven, er forschte, er fragte, er suchte, er dokumentierte die

Entstehung des Kurortes Davos. Die beiden Bücher hatten den Titel «Die Anfänge des Kurortes Davos» (1938), dann «Der Aufstieg von Davos» (1947). Diese grossartig lebendigen Berichte wurden von Davos selber anerkannt, der Dank realisierte sich, als Jules Ferdmann 1957 das Ehrenbürgerrecht bekam. Das muss ihn damals sehr gefreut haben.

LW bewunderte die Leidenschaft in den Unternehmungen dieses stillen Mannes, Geschichte lebendig werden zu lassen. Über keiner Seite seiner Werke lag etwas Verstaubtes, LW ahnte auch, dass er den soliden, von vielen gescheiten Kämpfern unternommenen Aufbau von Davos so genau zeichnete und darstellte, weil er dem nun naziverseuchten Ort ins Gewissenreden wollte, indem er vergangene Qualitäten aufzeigte.

Aber noch immer herrschte das Schweigen über dem Ort, das Misstrauen, die Vorsicht, nichts kam zutage, auch keine Furcht, keine Ängste, kein Leiden. Alles wurde unter den Teppich gewischt. Wer war Jude, wer ein Verfolgter, wer ein Spion im Dienste des nördlichen Nachbarn? Auch JF, der stille Mann, schwieg lieber. Nur zweimal hatte LW erfahren, dass Russland seine Heimat war. Aber nie kam eine russische Silbe über seine Lippen. Und jetzt dieser Abend vor Ostern, an dem wir plauderten über Belangloses. Da stand JF plötzlich auf, verschwand in sein Arbeitszimmer, kam nach geraumer Zeit mit einem Buch zurück, äusserte leise, er werde uns etwas vorlesen. Er schlug einen Band mit Erzählungen von Čechov auf, las vor «Der Student», langsam, zurückhaltend, intensiv. Wir hörten, wie gebannt, den Bericht eines Studenten, der in sein Heimatdorf zurückkommt, auf Schnepfenjagd geht, auf einen heiteren Tag folgt jedoch ein kalter Abend. Der Studiosus der geistlichen Akademie will nach Hause, er ist der Sohn des Küsters dieses Dorfes. Es liegt noch ein weiter Weg vor dem Studenten Ivan Velikopolskij, bis er in die Hütte seiner Eltern wird eintreten können. Es kommt ihm in den Sinn, dass er dort weder Wärme noch Essen finden wird, es ist Karfreitagabend, es dunkelt, ihn friert, er weiss, dass heute gefastet wird und dass seine Mutter, weil sie mausarm ist, kein Feuer anzünden wird. Als er sie am frühen Morgen verliess, hockte sie mit nackten Füssen auf der Diele, während sein Vater auf dem Ofen lag und hustete. So eine Armut, so ein Elend, seit alten Zeiten, seit Ivan der Schreckliche, seit Peter der Grosse regiert hatten, nicht die geringste Besserung, dasselbe Elend, der gleiche kalte Wind. Wann würde sich etwas verändern, wann? Jetzt sieht der Student Licht vor sich, er befindet sich in den Gemüsegärten vor dem Dorf, die Witwengärten genannt werden, weil zwei Witwen, Mutter und Tochter, sie pflegen. Er tritt ans Feuer der alten Vasilisa, die zuerst erschrickt, ihn dann erkennt, den Studenten, und ihn freundlich begrüsst. Er streckt seine Hände zum Feuer, sagt, was für eine furchtbare Nacht das sei, so eine Nacht wie damals, vor langer Zeit, als Petrus den Herrn verriet. Er fragt, ob Vasilisa heute zu den zwölf Evangelien gewesen sei. Sie bejaht und horcht auf, als nun der Student ausführlich diese Nacht des Petrus schildert, der Jesus, den er doch leidenschaftlich liebte, dreimal verriet. Im Evangelium stehe geschrieben, so der Student: «Und Petrus ging hinaus und weinte bitterlich.»

Der Student seufzt und versinkt in Nachdenken. Da schluchzt Vasilisa, die die ganze Zeit freundlich zu gehört hat, laut auf, Tränen rollen über ihre Wangen. Ihr Gesicht bekommt einen gespannten Ausdruck wie bei einem Menschen, der einen starken Schmerz unterdrückt. So Čechov.

Der Student geht dann weiter zum Fluss hinunter, ihm wird klar: Vasilisa hat geweint, «so stand also alles, was in jener Nacht mit Petrus geschehen war, auch zu ihr in einer Beziehung». Der Student bleibt stehen, empfindet Freude. «Die Vergangenheit, so dachte er, ist mit der Gegenwart durch eine ununterbrochene Kette von Ereignissen verknüpft, von denen sich eins aus dem andern ergibt. Und es schien ihm, er habe soeben die beiden Enden dieser Kette gesehen – er berührte das eine Ende, da erzitterte das andere.» Beim Weggehen denkt er nun daran, dass die Wahrheit und Schönheit, die das menschliche Leben dort, im Garten und auf dem Hof des Hohepriesters, geleitet haben, sich ununterbrochen bis heute fortsetzten und offenbar die Hauptsache bildeten im menschlichen Leben und überhaupt auf Erden.

Es blieb lange still am Küchentisch in Davos. Es war spät geworden an diesem Karfreitag. Der Vorleser war still hinausgegangen. LW glaubt sich zu erinnern, dass er noch gemurmelt hatte, kaum hörbar, «so ist mein Volk, es gibt auch für mich eine Hoffnung».

Wir blieben stumm zurück. Ja, es war ein Karfreitagabend. Und ein leidender Mensch hatte etwas von seinem Innersten für uns geöffnet, hatte uns teilnehmen lassen an seinen tiefsten Gefühlen und uns mitgeteilt, dass er aus seinem Herkommen lebte, dass er seine Kräfte aus einer unverbrüchlichen Hoffnung bezog.

LW musste die Geschichte von Čechov nachlesen, um sie hier wiederzugeben. Aber dieser Karfreitagabend blieb in seiner Grösse fortwährend in ihr lebendig, und deswegen wahrscheinlich, so denkt sie heute, ist dieser sommerliche Nachmittag passiert, in einem stillen Garten, in Zürich, wo LW später wohnte, dass JF zu ihr kam und, während er seinen Tee schlürfte, ganz unpathetisch, so wie nebenbei, ihr erzählte, woher er stamme, wo er geboren sei, dass er im Gefängnis sass, nach Sibirien verbannt wurde als junger Mensch, nach Jahren fliehen konnte, dass er viele Gefahren bestand. Ob er Jude sei oder kein Jude, sei nicht ganz gesichert. Sein Grossvater habe zur Leibgarde des vorletzten Zaren, Nikolai, gehört und habe nie gewusst, woher er komme. Die Leibgarde des Zaren bestand aus jungen Männern unbekannter Herkunft, also Menschen ohne jede Familienbeziehung, eine gute Voraussetzung für absolute Treue gegenüber ihrem Herrn, unabhängig von allen Rücksichtnahmen, mutig, zu allem bereit.

Es war wenige Jahre vor seinem Tod, alle seine Angehörigen sind gestorben ausser dem einen Enkel, sein Andenken in Davos in Bibliotheken und Archiven verschwunden, ein paar alte Menschen erinnern sich gern an sein fruchtbares Wirken, an seine freundliche Gestalt. LW erlaubt sich nun, seine vertraulichen Worte von damals wiederzugeben, so wie sie sie immer im Herzen getragen hat. Es war mehr als eine Geschichtsstunde gewesen, es hatte sich der überwältigende Bogen eines menschlichen Lebens aufgetan.

KEINE ERINNERUNG – NICHTS

Das Läuten der Abendglocken tönte über die Stadt. Es war am Samstag vor Ostern, das Geläute lauter als sonst, es drang in die Stube, wo wir zusammensassen, es lag über unserem Gespräch.

Er möchte mit mir über seine Mutter reden, hatte Josy gesagt. Und seine Lebensgefährtin schien zufrieden, dass diese Frage an mich endlich passierte, sie mischte sich nicht ein, aber sie beteiligte sich lebhaft mit Kopfnicken oder Kopfschütteln. Sie wusste ja, dass Josy vor vielen Jahrzehnten, in seinem dreizehnten und vierzehnten Lebensjahr, bei mir im Bergdorf gewohnt hatte und dass ich seine Mutter gern gehabt hatte. Selbst erinnerte sich Josy nicht mehr daran, wie es gewesen war, wusste nichts mehr von seiner Kindheit, nichts von einer Beziehung zur Mama. War es für ihn überhaupt eine gewesen? Das plagte den Josy seit langem. «Was, du weisst nicht mehr, wie stolz deine Mutter auf dich gewesen ist und wie sie die Worte ‹mein Josy, mein Sohn› ausgesprochen hat? Der innige Tonfall deiner Mutter hat mir immer gefallen.»

Das habe er so empfunden, räumte Josy ein, sie habe ihn immer bewundert und für sehr gescheit erklärt ... viel zu sehr eigentlich, obschon man das als Kind schätze ... aber er habe immer ihr schlechtes Gewissen gespürt und deshalb dem hohen Lob nie ganz getraut. Und noch einmal: «Was hast du an meiner Mutter geschätzt?»

«Darauf gebe ich dir gern Antwort, lieber Josy. Deine Mutter kam in mein Leben, als sie dich bei uns oben in den Bergen besuchte. Sie war, als Flüchtlingsfrau, in einem schweizerischen Lager eingesperrt, es war noch während des Krieges, 1943 denke ich, während du aus dem Lager in eine Pflegefamilie kamst, ins Bergdorf, in meine kinderlose Ehe. Durch welche Vermittlung, das weiss ich nicht mehr. Es wurden Plätze für Flüchtlingskinder gesucht. Die Mädchen, die herzigen, fanden leicht

Unterkunft, aber so ein dreizehnjähriger Bub, ein jüdischer Bub zudem, da wurde gezögert. Ich selber habe dich aber als Demonstration gewünscht, im Bergort war meine Umgebung sehr deutschfreundlich, also auch aus egoistischen Gründen nahm ich dich auf, mein lieber Josy, daran würde man meine Einstellung zur Kriegssituation erkennen. Es gelang ja dann auch, denn einige Leute im Bergort kamen nicht mehr zu uns zu Besuch, und das freute mich sehr. Aber ich glaube, ich habe dich ausgenützt, das musste ich dir einmal gestehen.»

«Aber nun über meine Mutter, bitte», so Josy.

«Für mich war sie eine demütige Frau, eine Frau, die nicht klagte, nicht über die Leiden der Verfolgung redete. Eine Frau, die ein schweres Schicksal ertrug. Sie war glücklich, dass ihr Sohn vom Lager befreit war und dass sie selber, einmal im Monat, frei bekam und zusammen mit ihrem zweiten Mann dich besuchen durfte. Viel habe ich nicht mit ihr gesprochen, denn sie sass, mit deinem Stiefvater, der dir fremd war, wie ich bald feststellte, den ganzen Sonntag in deinem Zimmer, und meine Versuche, euch drei herauszulocken, an die Sonne, an die frische Luft, zu einem guten Essen vielleicht, scheiterten immer. Ihr drei sasset eingesperrt, ihr wünschtet keinen Kontakt mit draussen.»

Und füge sogleich hinzu: «Du warst mir in den ersten Monaten ja auch fremd geblieben, meine hilflosen und vielleicht dummen Versuche, dich aufzuheitern, scheiterten. Du reagiertest mit leisem *Ça m'est égal* und Achselzucken. Was tun? Am besten gar nichts, keine Vorschläge. Ich führte dich in die Sekundarschule, wo du trotz deiner mangelnden Deutschkenntnisse bald brilliertest, ich schickte dich in den Religionsunterricht in der benachbarten christlichreformierten Kirche, obschon du abends, kaum ins Bett gebracht und nach dem Gutenachtsagen, deine Kipa aufsetztest und hebräische Gebete sprachst.»

Daran erinnert sich Josy nicht, an die Kirche schon, und dann vor allem an die Bergwelt und ans Skifahren (ich hatte mir immer Mühe gegeben, ihm die Sprünge und Kehren und

Kurven beizubringen, hatte mein Tempo gedrosselt – wie eine sorgende Skilehrerin, bis der Sieg des Buben Josy eintraf: Auf einer sehr högerigen Abfahrt, über die man mit weichen Knien gleiten musste, überholte der Schüler die eingebildete Lehrerin, mit einem nachsichtigen und leicht triumphierenden Lächeln. Ich musste damals lachen, die Freude war enorm, ein Sieg meines kleinen Gastes, ein Sieg aber auch für mich.)

Josy lächelt darüber, wie dieses Gespräch weiterläuft. Aber er behauptet, nichts von seiner jüdischen Erziehung zu wissen. Sie war ihm, noch im Lager, offensichtlich zugefügt worden. Zu Hause sei er, was Herkunft und Glauben anbelange, nie erzogen worden. Er habe nur erfahren, so meint er jetzt, dieser siebzig Jahre alt gewordene Josy, dass er immer dazwischen gewesen sei. Zwar Jude, aber nicht orthodox erzogen, befreundet auch mit christlichen Familien, aber von beiden Seiten als Verräter beurteilt.

«Nun aber von deiner Mutter, mit der ich mich, viel später, als ihr in Zürich wohntet und ich auch, befreundet habe und die ich weiterhin bewunderte und schätzte als eine Demütige und eine ganz und gar Leise.» Aber noch einmal:

«Du erinnerst dich an gar nichts, im Bergort damals vor vielen Jahren, nicht, dass du in deinem Bett sassest und hebräische Gebete sprachst? Wirklich an gar nichts?»

«Ihr wart freundlich zu mir», so der nachdenkliche Josy, «ich habe Deutsch gelernt und alles Französische vergessen. Und ich habe eine Beziehung bekommen zur Landschaft, zu den Bergen. Das war neu, das war gut.»

«Nun aber deine Kinderjahre», so drängen wir zwei Frauen, «das war doch in Wien, und du warst zusammen mit deiner Mutter und deinem Vater?»

Es sei nach der Mitte seiner Lebensjahre gewesen, lange nach dem Tod seiner Mutter, nach dem Verschwinden seines Stiefvaters und auch dem Weggehen seiner viel jüngeren Halbschwester, da habe er sich Zeit genommen, in den Papieren und Ausweisen nach seiner Vergangenheit zu suchen. Da habe er sich, nach einer Lebenskrise, um sein Herkommen gekümmert und einiges herausgefunden. Aber seine Erinnerungen seien nie lebendig geworden. Nur dass er, als kleiner Bub, unter dem Tisch eines Schneiders sass, der, zum Spielen, hie und da einen Fetzen Stoff habe fallen lassen. Und später die Nadel und den Faden zum Einfädeln heruntereichte. «Einfädeln konnte ich gut.»

Er erinnere sich nicht an seinen Vater, der sei gestorben, als er selbst zwei Jahre zählte. Er sei Automechaniker gewesen, habe ihm seine Mutter erzählt, wann er Marktfahrer geworden sei, das habe er nie herausgefunden. Jedenfalls hätten seine Eltern ihn in Pflege gegeben, weil sie beide auf die Märkte fuhren und Stoffe verkauften. Nach dem Tod ihres Mannes habe die Mutter weiterhin als Marktfahrerin ihr Leben gefristet und ihn alleine gelassen, an einem Pflegeplatz.

«Beim Schneider?»

Das wisse er nicht genau, obs immer dieser Schneider gewesen sei, vielleicht waren es auch andere Leute. Nichts wisse er mehr, gar nichts. Er habe festgestellt, dass seine Mutter geboren sei im östlichen Polen, in Jaroslaw. Sein Vater sei aus Černovice nach Wien gekommen. Beide Orte damals zur k.k.-Monarchie gehörend. In Wien hätten sich die zwei Menschen getroffen und zusammengetan.

«Also ist Wien dein Geburtsort, lieber Josy?»

Und Josy, stückweise, zögerlich, gibt Auskunft. Er habe sich einiges zurechtgelegt, er habe sich einiges erklärt, aber es sei nicht die geringste Erinnerung geblieben von damals.

Belegt, aber nicht mit Inhalt gefüllt, das Folgende: nicht die geringste Erinnerung an die Mutter. Wahrscheinlich habe sie es sehr schwer gehabt. Sie sei nach Wien gekommen, weil eine ältere Schwester sie dorthin habe nachkommen lassen, sie habe wahrscheinlich so etwas wie Damenschneiderin erlernt. Dann halt Marktfahrerin. Und er allein und fremder Pflege überlassen. Er nehme an, dass sie deswegen immer ein schlechtes Gewissen ihm gegenüber gehabt habe. Wahrscheinlich habe sie ihn, den Josy, schon gemocht. Denn ihre ältere, gut verheiratete Schwester, kinderlos, habe ihn adoptieren wollen. Das aber wollte seine Mutter nicht. Das habe sie ihm später erzählt. Und Josy findet das einen gewaltigen Beweis einer Mutterliebe, die er im Nachhinein erfahren habe.

Die Mutter musste dann fliehen, vor den Nazis. Sie habe ihn, so denkt er jetzt, so erinnert er sich schwach, in ein Waisenhaus gesteckt. Da habe er Schulunterricht bekommen. Die Mutter habe eine Arbeit in Belgien gefunden und habe ihn zu sich kommen lassen – ein oder zwei Jahre nach ihrer Abreise? Ungewiss ist es, aber Josy weiss ziemlich genau, dass er achtjährig war, als er auf die grosse Reise geschickt wurde. Irgendjemand habe ihn schon begleitet, nimmt er an, und er erinnert sich sehr genau, dass die Eisenbahn über eine hohe Brücke fuhr, die ihn tief beeindruckte, vor allem die Eisenkonstruktion dieser Brücke. Und er denkt, dass er deshalb später den Beruf eines Bauingenieurs gewählt habe.

Und Brüssel?

Da war er, der Bub, zum ersten Mal mit seiner Mutter zusammen. Eine glückliche Zeit, meint er. Die Mutter habe für eine Kantine gekocht, neben dem Lokal ein sehr kleiner Raum, winzig, zwei Betten. Dort sei er zufrieden gewesen. Und dann die Schule, eine französische Schule, die sich wenig um den kleinen Flüchtling kümmerte. Zuerst habe er kein Wort verstanden, er habe viel geschwänzt, sei auf den Strassen herumgezogen. Eine erste Freiheit, eine erste Heimat jedoch.

Dann neue Wirrnisse, Flucht. Daran will oder kann sich Josy nicht erinnern. Sie mussten vor den Nazis fliehen, die Belgien im Jahre 1940 eroberten, durch Frankreich, in den Süden, also jenseits der Demarkationslinie damals, irgendwo in die Pyrenäen verwiesen, um sich möglichst unauffällig zu bewegen. Dann aber kam die Besetzung des sogenannt freien Teils von Frankreich durch die Deutschen, bald wurden Mutter und Sohn ins Lager Gurs gesteckt.

So viel wusste ich auch, damals, dass ich einen Buben aufgenommen hatte, der aus dem Lager Gurs kam. Jahrzehnte später bin ich dorthin gereist, um eine Ahnung zu haben, wo es liegt. Und sah mir Dokumente jenes Lagerlebens in Genf an, am Sitz des Roten Kreuzes.

Josy weiss von nichts mehr. Keine Ahnung, wie es war. Keine Erinnerung. Ahnungen? Fetzen? Er vermutet:

Irgendeinmal seien sie von Gurs weggekommen. Man habe ihn in eine Schule geschickt, auf ein Schloss, das Flüchtlingskinder aufgenommen habe, dort habe er wahrscheinlich sein gutes Französisch gelernt. An einen Park erinnert sich der Josy. Aber an keine Namen. Wo war das Schloss? Seine Mutter sei in Lyon gewesen, sie habe sich zusammengetan mit ihrem neuen Partner, dem Herrn M., einem Conférencier aus Wien, irgendeinmal sei ein Mädchen auf die Welt gekommen, die Eltern hätten geheiratet, wahrscheinlich in Lyon. Dieser Stiefvater sei ihm immer zuwider gewesen, total fremd. Auch später, als sie in Zürich wohnten. Aber zur gemeinsamen Flucht aus Frankreich habe man ihn dann im Schloss abgeholt, wahrscheinlich. In der Eisenbahn alle vier zusammen, zusammen mit andern Menschen, eine Gruppe ohne Papiere, ohne gültigen Fahrausweis. Und eine Gruppe Menschen voller Angst. Würden sie kontrolliert von deutschen Soldaten und von französischen Polizisten, würden alle sofort eingesteckt werden? Diese dumpfe Angst, die war für den Knaben Josy nicht neu, sie sass immer in ihm, eine Bedrohung, die ihn hinderte, alles genau wahrzunehmen. Noch in Frankreich aus dem Zug aussteigen, in der Nacht, im Schutze der Bäume, geführt von einem Schlepper, im Gänsemarsch über eine Grenze, daran erinnert sich der Josy. Und dass alles glückte, alle froh waren, in der Schweiz zu sein. Freiheit? Andere Lager, die nicht mehr so schwer zu ertragen waren.

Hier wollen wir das Gespräch beenden. Es ist spät geworden. Die Glocken sind seit langem verstummt. Versprachen sie eine Auferstehung, eine Erneuerung für morgen, für den Ostersonntag?

Josy schien durch das Gespräch über seine Mutter etwas erleichtert zu sein. Wir Frauen auch.

Aber ich hatte einen Menschen vor mir, der seinen Blick nach innen nie verlieren würde, dunkel, voller Trauer, ohne Hoffnung. Er hatte seine Kindheit verloren, er würde sie nie mehr finden.

Ich ging den Weg hinunter,
an den Kirschbäumen vorbei ...

Die Rosen kraftlos geworden,
die Erde verkrümelt,
abgefallen das Buschgrün.
Weh mir,
sie sind alle gestorben,
das Leid schon vergraben
in der Dürre.

Suche was blieb:
der Laut einer Stimme vergeht nie,
jene Geste, sie suchte dich,
sie hat dich getröstet
am Fluss und für immer.
Der Blick dunkler Augen,
aus Urzeiten vertraut
und der Duft des Himmels:
das Versprechen anderer Horizonte.

EIN SONNTAG IN SAN TOMMASO

Es ging darum, Lina einen Besuch zu machen in San Tommaso, ihrem Heimatdorf, wir waren in der Nähe, es traf sich gut. Lina war dort für eine Woche, um die Arbeiten am neuen Haus voranzutreiben. Ein Sonntag also in San Tommaso war geplant, die Fahrt vom Brenner her, auf dessen Südseite ich mich befand, war ausgemacht auf der Landkarte, mit Pfeilen angezeichnet, die Route ausgesteckt schon in Zürich. Mit einem andern Tonfall als sonst üblich hatte Lina die Namen der Orte, die wir passieren sollten, ausgesprochen, denn sie waren nicht Ausdruck notwendiger Geografie, sondern die Ortsnamen hatten Inhalte, waren Erinnerungen an den Grossvater und den Vater, an das Kind, das da zum ersten Mal über den Campolongo ins Erwerbsleben ausgezogen war, an viele lange Fahrten jetzt mit den Söhnen, da man die Rückkehr ins heimische Dorf plante und das Haus baute.

Der Sonntag in San Tommaso wurde zu Linas Tag: Indem sie uns San Tommaso zeigte, uns durch das Dorf führte, zeigte sie uns ihr Leben, schlug es auf wie ein Bilderbuch, Seite um Seite; mit feinem Gefühl liess sie uns teilnehmen an ihren Wegen, den Gegenständen, die ihr wert waren, skizzierte Situationen der Vergangenheit, der Gegenwart und etwas zögernd auch der Zukunft. Wir lasen ihr Buch. Es war, wenn ich es so sagen darf, eine zarte Lektüre, und ich möchte, als Dankbarkeit dafür, diesen Zeilen den Namen geben «Linas Sonntag» oder einfach «Lina». Aber es wäre schon zu anspruchsvoll, nur den Namen dieser Person als Überschrift vorzuschlagen, wir täten ihr unrecht. Mit ein paar Seiten ist Lina nicht auszuschöpfen, es gäbe eine Vergröberung, wir täten ihrer präzisen Art unrecht, denn da ist viel zu viel Rücksichtnahme im Leben dieser Frau, Rücksichten auf Vater und Mutter, Rücksicht auf den Mann und die drei Kinder, als dass wir alles, was Lina wirklich ist, einfach so herausschälen und darstellen könnten.

Es war ein schöner und ein reicher und irgendwie auch ein sehr aufregender Tag, obschon alles glatt verlief; und ich nenne ihn – noch einmal entschliesse ich mich dazu – ganz einfach «Linas Sonntag». Denn auch der Sohn Biaggio, der nun so selbständig und als Herr auftrat, den Tisch im Restaurant bestellt hatte, mit der Serviertochter über die Speisenfolge diskutierte und dann unauffällig hinausging, um die Rechnung für alle zu begleichen – auch Biaggio rundete das Bild der Lina ab; sie hatte ihn geformt, ihm Anweisungen gegeben, ihm wohl auch den Stolz vermittelt, den sie, die Mutter, für sich selber nie zur Schau stellte; alles so sehr, dass sie ihn jetzt allein machen liess, ihn nie korrigierte oder ihm gar dreinredete.

Wir hatten uns geirrt bei der Einfahrt in San Tommaso. Wohl hatte ich das Dorf von unten im Tal leicht ausmachen können, das war die Kirche von San Tommaso, unfehlbar, das musste sie sein. Denn so hatten die beiden schrift- und zeichengewandten Söhne der Familie R. die Silhouette der Kirche auf ein Transparent gebannt, das im vorigen Jahr den Pfarrer begrüsste, der aus dem Trentino in die Schweiz kam, umgeben von Schäflein, um die andern in der Fremde zu besuchen. Dazu hatte man sich zu einem Mittagessen, nach der Messe, in einer Gaststätte der Stadt zusammengefunden. Es soll dann auch Musik und Tanz gegeben haben, vorher eine Ansprache des Pfarrers. Die Familie R. war vollzählig dabei, das war selbstverständlich, bezahlte auch ohne Widerrede das teure Mahl für fünf und war dankbar, wenn erwähnt wurde, dass der Saal schön geschmückt und das Transparent gelungen sei. Viele freiwillige Arbeitsstunden für San Tommaso also, besonderen Dank erwartete man da nicht; die Brüder R. tanzten auch nicht, sondern hielten sich bescheiden im Hintergrund. Die Mutter, Lina, erwähnte es mir gegenüber nur nebenbei und gab keine Gründe an. Sie fand wohl, es schicke sich so.

Also der Kirchturm von San Tommaso war nicht zu verpassen. Aber vorher hätten wir einzubiegen auf einen Nebenweg, da stünden die Häuser, das sei ihr *paese*, so hatte mir Frau R. erklärt, aber in ihrem Heimatbewusstsein hatte sie mir, auf einen weissen Umschlag zeichnend und mit vielen Worten, das Rechts und das Links ein wenig durcheinandergebracht. *Qui sopra,* hiess es immer wieder. Und so war ich denn eben zu weit nach oben gefahren, an den Platz, wo der Neubau im Entstehen war – nun schon unter Dach –, missgeleitet auch von den vielen farbigen Fotos, auf denen ich die Bauetappen und die nach Jahreszeiten sich verändernde Aussicht auf die gegenüberliegenden Berge und ins Tal hinab verfolgt hatte. Der Privatweg, dessen Geschichte mir auch vertraut war, führte zum stattlichen neuen Haus mit den drei prächtigen Wohnungen, aber der Nachbar kam freundlich und erklärte, es sei niemand da, sie wohnten noch im alten Haus. Und zeigte, wo es liege. Dort unten standen denn auch die beiden Gestalten, etwas ratlos auf und ab gehend, wie es uns schien. Die Gruppierung der paar Häuser, die Frau R. als *proprio mio paese* angekündigt hatte, erwies sich als winziges Dorf für sich, auf dem Platz in der Mitte fanden zwei Wagen Platz, man konnte auch wenden, hier war der Brunnen, und hier hatte sich ja nun wohl die Geschichte der Lina R. abgespielt. Sehr früh am Morgen, wie sie immer erzählt hatte, musste hier das Wasser geholt werden, hier wurde die Wäsche gewaschen, auch vor Tag, wie ich vermute, denn die junge Frau war schüchtern und vermied das Schwatzen mit den Nachbarinnen.

Ein paar Schritte dann zum Haus; die Entschuldigungen, dass es kalt und auch ein wenig feucht sei; dann der schön bereitete Tisch, der schwarze Kaffee in kleinen Tassen und natürlich ein Gläschen Likör, es enthalte sehr wenig Alkohol und tue gut. Den bescheidenen Gesten der Gastgeberin war nicht zu widerstehen.

Hier wars gewesen, auf diesem Sofa waren die drei Kinder der Lina R. geboren worden, hier der Ofen mit der Bank darüber, auf die man im Winter kriechen konnte, wenn es sehr kalt war. Hier, erinnerte ich mich, hier hinauf waren die kleinen schlaftrunkenen Buben geschoben worden, als das dritte Kind auf die Welt kam.

Es sei eben einfach und sehr alt, entschuldigte sich Lina R. immer wieder, als wir das kleine Haus besichtigten. Aber dann wurde Biaggio nach den Kommodeschlüsseln geschickt, und die Schätze wurden vorgezeigt. Frau R. strich zunächst mit der Hand über die schöne Holzfläche der Kommode und wies auf die Verzierungen hin; das alles hätte der Vater gemacht. Er war Schreiner gewesen, und die liebevolle Neigung zu schönem Material hatten die Kinder und Kindeskinder wohl von ihm geerbt. Aus den Schubladen dann vorerst die geschmückten Hüte mit farbigen Bändern, die die Söhne bei der Aushebung getragen hatten – die gleichaltrigen Mädchen aus der Schulzeit hätten sie verfertigt –, die Mutter lachte und zeigte vor und wies auf die Üppigkeit des Schmucks, aber da war nichts Prahlerisches darin: Die Feste in San Tommaso gehören zu San Tommaso wie das tägliche Mahl, wie Geburt und Tod und Sommer und Winter. Jetzt aber griff Biaggio tiefer in die Schublade und zeigte Stickereien vor, feinste Handarbeit, Deckchen und Decken, Bordüren für Betttücher, bündelweise. Wir bewunderten die Häkelarbeiten, verglichen, breiteten aus.

Dann wurde alles wieder fein versorgt, und wir kletterten über die Holzstufen ins Dachgeschoss, das sorgfältig aufgeräumt war. Ganz hinten der zum Schlafzimmer der Söhne gerichtete Verschlag, weiter vorn die Werkbank, viel Werkzeug, Eisen, Nägel, Hölzer aller Art und Grösse. Und natürlich das geschichtete Brennholz. Hier, schien mir, war Lina R. noch mehr im Element als im Wohnraum, «alles haben wir doch selber gemacht und selber geflickt, es gehört doch uns», sagte sie. Sie griff zum Schlitten, auf dem das Heu von den Alpen heruntergefahren worden war im Winter, zeigte lachend das unförmige Spielauto aus Holz, das die Buben selber gebastelt hatten, sie trat auf die schmale Holzlaube hinaus, wohin sie die kleinen Kinder bei schönem Wetter gebettet hatte. Reben an der Hauswand, Sonne, so schön hatte ich mir die Sicht auf fallende Gärtchen nicht vorgestellt. Und hier nun die Hutte! Was alles hatte Lina in dieser Hutte geschleppt, so dass der Rücken sich krümmte und die Beine den Dienst versagten. Holz und Heu und Gras für die Ziege und immer wieder Heu, für die einzige Kuh, und im Sommer, wenn sie aufs Feld ging, setzte sie alle drei Kinder bequem in diese Hutte. Ein Kissen hätte sie auf den Boden gelegt, freilich, das kleine Mädchen sitzend, die Buben stehend, was für eine süsse Last! Schön ordentlich, bestätigt Lina noch einmal, sei alles vor sich gegangen, und lieb seien die Kinder immer gewesen. Biaggio lacht uns zu, er sieht die enge Idylle aus anderer Sicht: «Weh», sagt er, «wenn es uns eingefallen wäre, nicht lieb zu sein!»

Gegenstände eines einfachen Lebens und eines harten Lebens. Die Gegenstände werden geehrt, denn sie haben geholfen, es zu bestehen. Man liebte sie, weil sie praktisch waren und in allen Teilen immer gut dienten. An diesen Gegenständen lese ich Linas Tage und Jahre ab, den Reichtum ihres Alltags, das Liebevolle, das sie umgab, bevor sie in den Villen am Zürichberg die Böden putzte und am Samstag ihren Mann im Kellerlokal besuchte, in das er sich eingemietet hatte. Er war Plattenleger. Kühl und kahl sei es schon gewesen, das Lokal, da habe man die Welt nur von unten gesehen; aber billig eben. Was hatte sich Herr R. einfallen lassen, damit er die ganze Woche nicht so allein sei? Ein paar Hühner schaffte er sich an, wegen der Gesellschaft und wegen der Eier auch, natürlich.

Indessen gehen wir mit raschen Schritten zum Dorfplatz bei der Kirche. Den Friedhof ersparen wir uns, meint Frau R., es ist zu traurig. Dies ist ihr wohl in den Sinn gekommen, als sie berichtet, sie gehe nicht mehr in die Messe, sie kenne niemanden mehr im Dorf, niemand kenne sie. Aber Biaggio, fügt sie hinzu, Biaggio war in der Messe heute früh. Dann das Kriegerdenkmal, alle Namen derjenigen, die für ihr Vaterland gefallen sind, auch der Name jenes Matteo ist hier eingeritzt, der der Verlobte war der jungen Lina, ihr auch schöne Briefe schrieb aus Nordafrika, von dort aber nicht mehr zurückkam. Fast schämt sich Frau R., dass das junge Mädchen dem Verlobten nicht treu geblieben ist, sich neu verlobt und dann geheiratet hat. Die Briefe hat sie wohl nicht mehr in der Kommode, nur die Erinnerung ist wach. Die Erinnerung ist lebendig an die Dorftage von früher. Dort oben ist meine Mutter geboren, dort auf der linken Hausseite haben sie gelebt. Und sehen Sie die Alpen ganz oben? Bis dort hinauf ging die Mutter, um das Heu zu holen. Das tut jetzt keiner mehr, das ist viel zu anstrengend. Und das schlechtere Heu hier, sehen Sie, es ist nicht erster Qualität, aber immerhin, doch dieses Heu wird nicht mehr genommen. Hastig streicht Frau Lina am Wegrand mit der Hand darüber. *Non prendono più il fieno.*

Ist das Heu der Lina R. nicht auf schönste Weise unter Dach gebracht worden? Und sie schenkte uns einen Sonntag, der in jeder Minute geprägt war von ihrem einzigen bescheidenen, redlichen Leben, belebt mit Gegenständen, die jetzt abgenützt unter dem Dach stehen. Sie werden, weil es saubere und gute Gegenstände sind, ihren Platz und ihre Verwendung finden im neuen Haus. – Dies, so sagten wir uns auf der Heimfahrt nordwärts, dies war wirklich Linas Sonntag. Sie hat ihn uns geschenkt.

DAS IST EINE LANGE GESCHICHTE

Man fand ihn schliesslich im Schrebergarten, auf der Erde vor seinem Häuschen, in dem sein Werkzeug ordentlich versorgt war. Den Kopf hatte er zur Seite in die Armbeuge gelegt. Er war wohl noch nicht lange tot, in Trunkenheit erfroren. Die leeren Flaschen hatte er wie üblich hinter der Hauswand versteckt. Wie er so dalag, auf gefrorenem Boden, sah man der massigen Gestalt noch die Eleganz seiner Bewegungen an. Zierlich hatte sich der Steinhauer Giglio bewegt; nun eingegangen als arbeitslos gewordener Hilfsarbeiter. Wenn er sprach, dann sprach er in singendem Ton. Ich bewunderte ihn, liebte ihn wohl auch. Eine seltsame Erregung kam über mich, wenn der schöne, dunkle Mann Mundharmonika spielte oder wenn er aus seinem Leben erzählte.

Sono umiliato, sagte er einmal, als ich ihn in seinem Haus in Italien besuchte. Er hatte getrunken. Ich bin ein Gedemütigter; er sagte das lachend und an seine Frau Ada gerichtet, die sagte, die Minestra sei erst in einer halben Stunde fertig gekocht; sie könne ja nichts dafür, dass er das Gemüse so spät in die Küche gebracht habe. Giglio zwinkerte mit den Augen, halb im Spass, als wollte er einen Witz machen, er sei nicht einmal Meister im eigenen Haus, er werde von Ada geknechtet. Ich verstand den Satz anders; ein Gedemütigter, zwischen zwei Kriege gepresst, vom Vaterland im Stich gelassen, im neuen Land nach guten Jahren von der Arbeit gewiesen. Aber er konnte nicht sagen, er konnte es nicht ausdrücken, was mit ihm geschehen war. Seine Anklage drückte er in einer nebensächlichen Bemerkung aus: *Non si canta sul lavoro,* «Man singt nicht bei der Arbeit bei euch dort.» Und dann eben, als die Minestra nicht fertiggekocht war von Ada, als er Hunger hatte: «Ich bin ein Gedemütigter.»

Seine Angehörigen waren erleichtert, dass er in seinem Schrebergarten gestorben war und nicht schwankend auf dem *motorino,* dem kleinen Motorrad, wie sie befürchtet hatten. Kein Skandal war mit seinem Tod verbunden. Zwar musste man die Polizei rufen, dazu riet ich dringend, nicht nur den Arzt, der den Tod feststellte und der die Gewaltsamkeit oder Nichtgewalt beim Sterben des Giglio registrieren musste. Aber es geschah wenigstens im Garten, nicht im Hause, wo die Familie mit vielen anderen Familien wohnte, wo man geredet hätte. Das war für Ada wichtig; auch für den Sohn.

Wenn Giglio nicht soff, sagte er vom Vater, er halte sich brav, *fa il bravo*. Wenn er soff, sagte er nichts, hatte Angst und schämte sich. Jetzt wurde die Leiche vom Schrebergarten fortgeschafft. Kaum jemand beobachtete das Auto, das Giglio wegbrachte; ich dachte, wie gut, dass er auf der Erde, die er so gern hatte, starb. Sich auf die Erde duckte, den Kopf in den Arm vergraben. Der Kummer, für den er keinen Namen hatte, war weggespült vom Alkohol. Ada würde den Sohn bitten, die leeren Flaschen wegzuschaffen. Dann war alles frei für eine Beerdigung im Dorf, zu Hause, auf dem Friedhof am Abgang. Noch vor wenigen Wochen, im Herbst, war ich dort gewesen.

Man tritt vom Dorfplatz, wo die Kirche steht, neben dem Gedenkstein für die für das Vaterland Gestorbenen vorbei auf den Friedhof, eine Terrasse, die vorn steil abfällt. Einmal, bei Unwetter, ist ein Teil der Friedhofterrasse weggespült, die vordersten Gräber mit Schutt und Steinen ins Tal gerollt und vom Fluss – dem Milone – weggeschwemmt worden. Nicht einmal die Gebeine haben Ruhe hier, sind der Unbill des Wetters ausgesetzt. Deshalb ist Giglio stolz, dass er das Grab des Vaters weiter oben, nahe der Kirche, behalten konnte, dass seine Mutter, und später er, dort aufgenommen würde. Der Vater ist schon lange tot, Giglio ein geschlagener Mann; er weint, als er mir das Grab zeigt. Über sich? Wegen der Versprechungen, die das Leben ihm nicht einlöste? Er weiss es selber nicht. Er wischt sich die Tränen ab, zeigt mir stolz, wie schön die Schrift in den Stein gehauen sei. Ich sehe, dass der Vater Giglio hiess, wie der Sohn. Der Vater hiess auch Giglio, wie ich, sagt er. Ihn rufe man in der Schweiz Gino, mit hartem C zwar, Cino. Für weichere

Konsonanten habe man dort nicht viel Sinn. Cino, hol dies, Cino, hol das! Cino, *tuesch chrampfe?* Zu viel Krampfen!, sagten die Kollegen zu Cino, am Schluss bekommst du doch den Schuh in den Arsch. Er war Handlanger, schleppte Leitungen und Öfen in Neubauten, war oft krank. Man entliess ihn vorzeitig. Er hatte noch Steine gesucht, um im Haus die Kamine zu errichten, das sein Sohn baute; stolz hatte er gesagt, es werde das grösste Haus im Dorf, ein Palast werde das. Er klöpfelte Stein, baute den Kamin im ersten Stock. Aber alles war zu spät.

Der Harass Weisswein war im alten Haus versteckt. Er verschaffte sich Zugang, obschon man die Schlösser geändert und ihm keinen Schlüssel ausgehändigt hatte; aber der Durst des Alkoholikers ist schlau. Giglio fand immer den Weg zu den Weissweinflaschen. Dann schwankte er das Weglein zum neuen Haus hinauf, den Alpinihut schräg auf dem Kopf. Ada sah ihn kommen, schämte sich, schickte mich weg, damit ich nicht sähe, wie er ins Bett sackte, wie er stank, wie er schnarchte für den Rest des Tages.

Ich hatte gesehen, wie er am frühen Morgen einen Stein in die Hand nahm, so wie man eine Blume in die Hand nimmt, den Stein drehte und wendete, ihn betastete, ihn zärtlich auf seine Tauglichkeit untersuchte und dann anfing zu klöpfeln, wie wenn er den Stein abhorchte. Immer hatte er noch diese leichten und bestimmten Bewegungen, wie sie nur ein geübter Handwerker, ein Kenner des Materials, das er bearbeiten will, hat. Wir Frauen im Haus hegten immer die Hoffnung, dass der Tag gut würde, wenn Giglio vor dem Haus klöpfelte, wir ihn hereinriefen, wenn der Kaffee, der starke, dunkle Kaffee bereit stand und Giglio ihn aus der kleinen Tasse schlürfte und bemerkte, der Kaffee verschaffe Autonomie. Ich verwickelte ihn dann gerne in ein Gespräch über das Steinhauen, stellte Fragen, damit er anfange zu erzählen. Steinehauen müsse man lernen, pflegte er zu sagen. Drei Kategorien müsse man durchlaufen, er habe drei Kategorien durchlaufen, er sei ausgebildeter *tagliapietra*. Die Mauer im Stadtspital habe er gemacht, als er fast noch ein Knabe war. Als ich die Steine lobte und das Haus, fügte er oft hinzu: «Sehen Sie, Signora, ich habe ein Haus, eine Wohnung, so lange ich lebe. Manche Leute sind unglücklich und fangen an zu trinken, die Armen. Ich habe dieses Laster nicht. Ich trinke nur aus Wut.» Ada verzog nicht einmal ihr Gesicht bei solchen Gesprächen. Sie hantierte stumm in der Küche, bereitete den Teig für die Gnocchi vor, die sie allen auf den Mittag versprochen hatte.

Aber auch Holz betrachtete Giglio mit den Augen des Kenners. Er bemass die Bretter, unterschied gute Hölzer von schlechten. Auch Blumen und Pflanzen kannte er wie kein anderer. «Das Beste ist die Freiheit», sagte er, bevor er den Alpinihut mit der Feder wieder auf den Kopf setzte und aus der Küche hinausging.

Am nächsten Tag fuhr ich mit Signor Giglio auf den Markt in Tòvel. Er setzte sich zu mir ins Auto, sass auf, wie er sagte, den Korb für die Einkäufe hatten wir im Kofferraum versorgt. In Tòvel wollten wir Öl, Ricotta, den weissen Quarkkäse, und Forellen kaufen. Es war ein Oktobermorgen, unten im Tal lag ein leichter Nebel, sehr kalt. Wir waren früh auf dem Markt, die Stände wurden erst aufgestellt. Hier war Giglio zu Hause, er kannte die Händler, sie kannten ihn. Sie sprachen den gleichen Dialekt. Sie gehörten alle zu den Hiesigen. Giglio fühlte sich stark. Er zeigte sich nicht im mindesten geniert, mit einer Fremden, einer Städterin, auf dem Markt herumzugehen. Nur den kleinen Einkauf im Spezereiladen um die Ecke, das Fläschchen mit Bouillon, zum Würzen, das sich Ada wünschte, das wollte er nicht einkaufen, da schickte er mich und wartete an der Ecke. War das Frauensache? Oder war der Preis zu gering? Draussen schritt er mit Würde von Stand zu Stand, prüfte die Ware, liess die Kastanien durch die Finger rollen, bevor er, als Überraschung für Ada, ein Kilo einkaufte. «Wir werden sie heute abend braten, am Kamin.» Die steifgefrorenen Forellen prüfte er genau, schien über Frische und Geschmack urteilen zu können; eine wies er zurück, er las eine andere aus. «Auch die werden wir braten.» Er kaufte eher zu viel als zu wenig, bezahlte dann ohne zu zögern mit Noten, die er aus dem grossen Portemonnaie zog. Kaffeetrinken aber wollte er hier im Dorf nicht, wie ich vorschlug. Als wir alles beeinander hatten, wollte er sofort nach Hause fahren. Auf der Fahrt fing er zu erzählen an. Die Wege, die Steine erinnerten ihn an die Bubenjahre. Er hatte es auf dem Markt streng abgelehnt, eine neue Mundharmonika zu kaufen. Beim Kauf einer Kaffeemaschine für mich, einer kleinen Espressomaschine, war er aufmerksam dabei, riet zu einer, die er sich vorher genau angesehen und geprüft hatte, ob der Boden des Maschinchens sich für eine elektrische Platte eigne. Doch mit der Mundharmonika hatte es eine besondere Bewandtnis. Ich wollte am selben Stand, wo wir die Espressomaschine fanden, eine Mundharmonika kaufen. Am Tag zuvor hatten wir nach der Mundharmonika gesucht und die verrostete dann gefunden. Ich wollte ihn überreden, darauf zu spielen. Sie sei alt und zu verrostet, meinte er. Warum nicht eine neue, Signor Giglio, ich wünschte mir, dass Sie heute abend Mundharmonika spielen. Giglio setzte die Mundharmonika eine Sekunde an seine Lippen, legte sie dann wieder zurück. Der Atem fehle ihm, sei ihm abhanden gekommen, sagte er. Es war vor einigen Jahren gewesen, da hatten wir uns in B. im Haus seiner Tochter getroffen, der flinken Natalia, die uns ein grosses Sonntagsessen gekocht hatte. Selbstverfertigte Teigwaren, ein dreigängiges oder viergängiges Sonntagsessen. Wir alle kamen schön gekleidet. Natalias kleines Mädchen, Anna, hatte dem Grossvater ihre kleine Mundharmonika hingestreckt. Giglio, die Kleine auf dem Knie, mit dem Fuss den Takt schlagend, hatte wie ein professioneller Musiker das Instrumentchen an die Lippen gesetzt. Man hätte am liebsten zu singen und zu tanzen angefangen. Die Familie hörte halb mit, liess sich aber in ihren Gesprächen nicht stören. Nur das Kind und ich waren entzückt, welche Klänge der Grossvater dieser Mundorgel entlockte. Es kam heraus, dass Giglio nicht eine einzige Note kannte. Eine Mundharmonika hatte er sich schon als Kind gewünscht. Damals lebte er allein mit seiner Mutter in einem Holzhaus, das ineinanderverschachtelt mit vier oder fünf anderen Häusern auf der Terrasse über dem Tal stand. Zum Dorf war es eine gute halbe Stunde zu gehen. Im Frühsommer, wenn die Wege wieder gut waren, kam ein Hausierer vorbei. Die Mutter kaufte ihm Faden oder höchstens einmal eine Strange Garn ab. Als Giglio eine kleine Mundorgel unter den Fadenspulen, Bürsten, Bändeln, Scheren und kleinen Spiegeln entdeckte, bettelte er, dass die Mutter ihm doch die kleine Mundharmonika kaufen sollte. Die Mutter wies den Knaben ab, schüttelte den Kopf, Argumente hatte sie keine. Aber im dritten Jahr, als der Hausierer wiederkam, kaufte sie das Instrument. Der Knabe verkroch sich in einen Schober und versuchte, dem Silberwunder Töne zu entlocken. Zwei Tage und zwei Nächte blieb er weg. Er übte, blies, presste die Lippen zusammen, versuchte, die Zunge in die richtige Position zu bringen, er schob das Instrumentchen im Mund hin und her, zügelte den Atem, blies mächtig, bis er die Töne fand, bis er die Reihenfolge wusste, bis die Melodie, die er im Kopf hatte, erklang. Dann kam der Bub aus seinem Schober hinaus, nahm die Prügel gelassen hin. Ihm hatte sich ein anderes Reich erschlossen, Töne, Rhythmen, Lieder. Er brachte es zur Meisterschaft im Mundharmonikaspielen. Damals gab es weder Radio noch Grammophon in diesen abgelegenen Bergen, und er verdiente sich mit seinem Mundharmonikaspiel ein schönes Stück Sackgeld. Wenn junge Leute sich auf einem Scheunenboden zusammenfanden, spielte er auf. Er brachte die Füsse der jungen Tänzer zum Stampfen nach seinem Takt. Mädchenfüsse wirbelten nach Giglios Mundharmonika. Das war die musikalische Erziehung gewesen.

Als mir Giglio, der nun schon kranke Mann, seine Geschichte erzählte, lachte er schlau, als hätte er die andern übertölpelt. Aber jetzt, als wir vom Markt nach Hause fuhren, zu Ada, ins neuerbaute Haus des Sohnes, wurde er traurig. Die dunklen Augen, die so lustig dreinblicken konnten, verschleierten sich. Der

Vater, erzählte er, habe in Rom gearbeitet, an Kirchen, bei Restaurationen. Auch er war in Rom gewesen und sei ins *asilo* gegangen. Eines Tages kehrte die Mutter ins Dorf zurück und nahm den Kleinen mit. Den älteren Bruder habe der Vater zu sich nach Rom in die Lehre genommen. Ihn konnte er nichts lehren. Das ist eine sehr traurige Geschichte. Im Alter von 42 Jahren starb der Vater. Mit zwölf Jahren wurde Giglio weggeschickt von zu Hause, musste sein Brot verdienen. Im Val Serra hütete er hoch auf einer Alp 37 Stück Vieh. Das Essen bestand aus einem grossen Stück Brot, das man dem Jungen jeweils morgens gab. Er konnte es im Wasser des Baches aufweichen. Hier lernte Giglio das Alleinsein und das Überleben mit einem Stück Brot, unter einer heissen Sonne oder im Regen oder in der Gewalt des Gewitters. Kein Stück seines Viehs ging verloren, keines brach sich das Bein beim Sprung über einen Felsbrocken. Der Hirt wurde für die Sommerarbeit mit einigen Liren belohnt. Diese brachte er seiner Mutter nach Hause. Aber er hatte Angst davor, dass derselbe Bauer im Val Serra ihn im folgenden Jahr wieder einstellen würde als Hirt. Keine Gesellschaft zu haben war nicht gut, das erwähnte Giglio immer wieder.

Dies war auch das Erste gewesen, was Giglio zu mir sagte, als ich ihn in B. kennenlernte. Er lebte als Fremdarbeiter allein in der Stadt, denn Ada, die aus demselben Dorf stammte, hatte er zwar in B. kennengelernt, doch musste sie dann zurück nach Cles, um die Kinder aufzuziehen. Giglio hatte in einem sehr guten Viertel der Stadt einen Kellerraum mieten können. Dort kam er billig unter. Es störte ihn nicht, dass er durch den Schacht und das eingelassene Gitter nur die Beine der Vorübergehenden sehen konnte. Auch die Kälte störte ihn nicht. Er kam ja nur zum Schlafen hierher. Alles Geld konnte er Ada schicken. Mit 62 Jahren verdiente Giglio aber nur zehn Franken pro Stunde. Es war leichte Arbeit gewesen, weil er sich nach einem Unfall nie mehr ganz erholt hatte. Er war nur noch zu fünfzig Prozent arbeitsfähig, als man ihn entliess – vorzeitig. Er suchte Stellen, las Inserate, prahlte mächtig, er werde schon noch etwas finden. Nie hatte sich Giglio beklagt. Er griff zum Alkohol, der ihn nun für den Rest seines Lebens trösten sollte. *Ho fatto le vite dure,* er sagte es in der Mehrzahl, es waren ja auch einige schwere Leben gewesen, nicht nur eines. Nichts hatte ihn getröstet, kein Gesang – *non si canta sul lavoro* –, in B. singt man nicht während der Arbeit. Aber das, was Giglio wirklich fehlte, das erfuhr ich, als er mir die Geschichte vom Kellerloch erzählte. Er hatte sich ein Huhn angeschafft, schon wegen der Eier, freilich aber doch eher wegen der Gesellschaft.

Als wir vom Markt nach Hause fuhren, kam ihm vieles in den Sinn. Er erinnerte sich. Die steifgefrorenen Forellen im Korb auf den Knien hockte er neben mir, schaute auf die Hänge, die von unserer Strasse im Tal sich steil aufwärts erhoben, grün und mit Bäumen bewachsen bis oben, bis zu den Schutthalden und den Felsen. Die Nebel hatten sich gelichtet, noch schien die Sonne unten im Tal nicht, aber oben waren die Hänge schon hell. Da oben, hoch oben über dem Tal, da hockte er auch, berichtete jetzt Giglio. Er sei allein gewesen, aber er hätte sein Gewehr bei sich gehabt. Ich betrachtete diesen Mann neben mir, der nun – nur noch seiner Trunksucht ausgeliefert – allmählich einging, damit ihn seine Enttäuschung nicht fortschwemmte, so wie das Unwetter im Dorf oben die Gräber ausspülte, die Erdmassen mitriss, samt den Gebeinen, sodass keiner mehr weinen konnte, weil nichts mehr da war. Er erinnerte sich an sein Alleinsein. Nach der Schule, aus der er oft davonrannte, nach den Hirtensommern, nachdem Rom für ihn zu Ende war, nach einer merkwürdigen Kochlehre in Mailand, hatte er beim zweiten Mann seiner Mutter das Steinhauen erlernt. Er liebte die Steine. Er liebte sie immer mehr, je geschickter er sie bearbeiten konnte. Er machte rasch Fortschritte, er wurde mitgenommen, wenn eine Mauer, wo es auf jeden Hammerschlag, auf jeden einzelnen Stein ankam, errichtet werden musste. Der Tunnel, an dem er ein Jahr mitbaute, durch diesen Tunnel führt die Fahrstrasse noch heute.

Dann kam der Krieg, der Zweite Weltkrieg. Giglio war damals neunzehn Jahre alt, ein kräftiger junger Mensch, ein fröhlicher dunkelhaariger Mann, der sich die Mütze beim Steinhauen schräg und keck aufs Haar setzte. Singen konnte er auch; und Mundharmonika spielen. Okarina hatte er auch blasen gelernt. Vom älteren Bruder, der in Rom geblieben war, hörte er nichts, auch nach dem Tod des Vaters nicht. Giglio beneidete ihn nicht mehr darum, dass er beim Vater in die Lehre hatte gehen können und er, der Jüngere, nach Norditalien ins Dorf zurückgeschickt worden war. Neunzehn Jahre. Ein Weltkrieg. Nachher sagte man: «Ich war sechs Jahre im Krieg.» Sechs Jahre eines eben erst begonnenen Lebens, und man hat nichts mehr in der Hand, keine Entscheidung, keinen Plan. Man wurde hinausgeschickt. Verschickt. Beordert. Nach Befehl. Hin- und hergeschoben. Er war auch in Griechenland, irgendwo. «Wo, weiss ich nicht», erzählte er einmal. Man hatte gemerkt, dass Giglio kochen konnte, und steckte ihn in die Feldküche. Einmal wars eine Küche auf einem Schiff. Einmal, im letzten Jahr, eine Verletzung. Zum Auskurieren kam er später in ein Spital nahe seinem Heimatdorf. Dort wurde Giglio vom Frieden überrascht. Er machte sich davon, versteckte die Uniform, schlug sich durch Wälder und Felder, bis er zu Hause war. Frieden? Alles ausgehungert und schlecht. Sein Gewehr hatte sich Giglio gerettet. «Wir hatten noch keine Republik», ergänzte Giglio seine Erinnerungen. Republik hin oder her, er hatte Hunger. Seine Mutter hatte Hunger, die Kinder in der kleinen Siedlung Cles hatten Hunger. Also machte sich der Kriegsheimkehrer, der Deserteur, der Fünfundzwanzigjährige auf, um Nahrung herbeizuschaffen. Er ging fischen. Im Versteckten natürlich. Aber diese Dinge lernte man ja auch im Krieg. Der Fluss gab einige Fische her. Sie wurden gebraten, eine Abwechslung zur Polenta, die nun schon seit Jahren das einzige Gericht war, das auf den Tisch kam. Die Mutter ass selbst nur die Köpfe der Fische. Da waren die hungrigen Kinder der Nachbarn. Giglio teilte seine Fische mit den Kindern, er gab ihnen die besten Stücklein, die fettesten.

Giglio ging auch wildern: Er erhob sich leise, damit keiner

ihn bemerkte, schon um zwei Uhr früh vom Strohsack, hängte sich den Rucksack um, griff nach seinem Karabiner, einem Vorderlader, steckte die *cartucce,* die Patronen, ein, verliess das Dörfchen Cles, stieg rasch hinunter ins Tal. Er kannte jede Abkürzung, flitzte steil hinunter, überquerte das Flüsschen und stieg, nun im Schritt und bedächtiger geworden, in kurzen Kehren den Steilhang hinauf bis unter die Felswand. Es war erst gegen halb fünf Uhr und noch dunkel. Er legte sich hin, er versteckte sich in eine kleine Mulde, das Gewehr an sich gepresst. «Schöne gute Erde», sagte er. Er wollte aufwachen beim ersten Morgenschein, um Gemsen zu erlegen. Wenn er nicht schlafen konnte vor Spannung, vor Aufregung, dass man ihn ja nicht entdeckte, zog er die kleine Mundharmonika aus der Hosentasche und spielte. Er spielte lange, und er dachte an nichts. Er musste doch eingeschlafen sein. Vogelgesang weckte ihn auf, das Trillern eines Rotkehlchens. Er sass ihm gegenüber, auf dem Ast einer Birke. Dann auf, auf die Jagd. Es war nicht genau zu erfragen, was er schoss. Gemsen? Vögel? Schneehasen? Der Rucksack wurde voll mit Fleisch. Giglio kehrte mit einem Rucksack voller Fleisch heim – nicht immer freilich, aber doch hie und da. Er sei manchmal einige Nächte oben geblieben, dort oben, sagte der Mann, der neben mir sass. «Es ist sehr schön, dort oben.»

Giglio erzählte nie davon, wie er dazu gekommen war, als Fremdarbeiter in die Schweiz zu gehen. Mit vielen anderen aus dem Dorf. Das tat man eben so. Es war ein Ausweg aus dem Elend. Eine Lösung, weil einen das Vaterland nicht ernähren konnte. Keine Arbeit für geschickte Hände, starke Arme, nichts als die Fischlein aus dem Milone, eine Gemse, vom Wilderer nach harten Berggängen endlich gefunden, geschossen, erlegt, zerlegt, verteilt im Dörfchen Cles, der Siedlung mit den paar Häuschen, die sich am Hang eng aneinanderschmiegten. An die Kinder verteilt, denn hungernde Kinder konnte Giglio nicht ertragen. Er gab ihnen die besten Bissen.

Sicher ist er mit vielen anderen ausgezogen in die Schweiz,

wo es Arbeit gab. Die Schweiz war ja nicht Amerika, es waren ja nur zehn Stunden Eisenbahnfahrt, es gab auch eine Tradition im Dorf, in der Schweiz Arbeit zu suchen. Ein Onkel war in der Schweiz gewesen, Vettern hatten dort gearbeitet, viele waren zufrieden und mit gutem Geld wieder heimgekommen. Giglio war gewiss munter in den ersten Jahren, geschätzt als Steinhauer. Er baute Kamine, verdiente mehr als ein gelernter Maurer. Dann fand er bald die Ada, Ada aus demselben Dorf. Ein Sohn kam auf die Welt und eine Tochter. «Er war ein guter Mann, mein Mann», sagte die Ada auch in düsteren Tagen von Giglio; und das hiess nicht nur, dass er Geld ins Dorf zurückbrachte, wo sie nun mit den zwei Kleinen lebte, sondern es hiess auch, das sah man ihren Augen an, dass er ein guter Liebhaber gewesen war. Allein im Kellerloch, im Villenviertel von B., als Gesellschaft ein Huhn, da fings wohl an, dass es dem Giglio nicht mehr so passte. Griff er vielleicht schon damals hier und da zur Flasche und trank eins über den Durst? Er trank nie in Gesellschaft, obschon er ein Lustiger war, geschätzt wurde von Kameraden, weil er immer Spass machte, gut reden konnte und bei Gelegenheit singen. Aber es klaffte wohl irgendetwas auseinander, das Leben mit der Familie nur über Weihnachten und nie im Sommer, die Arbeit in B. ohne Lieder.

Die Kinder wurden grösser, wurden nicht mehr von Ada in der Hutte getragen, sie sprangen herum, gingen zur Schule, das Mädchen, ein Kind mit lustigen dunklen Augen und braunem Kraushaar, tänzelte den ganzen Tag herum, entzückte alle, wusste es auch, nützte es aus. Man folgte ihren Wünschen. Ada kleidete sie mit gutem Geschmack und ihrer hohen Nähkunst. Sie wusch die Kleidchen, stärkte die Rüschchen, plättete für den Sonntag das Röckchen makellos, band der Kleinen farbige Bänder in die braunen Zöpfe. Der Priester nahm das kleine Mädchen einmal bei der Hand, als sie an der Seite der Mutter zur Kirche trippelte, hielt sie zurück und meinte: «Liebes Kind, man tanzt nicht, wenn man in die Kirche geht.» Unerschrocken war das Kind auch. Als sie einmal auf der Treppe sass und ihre Milch aus dem Becher trank – Ada hielt zwei Ziegen, einmal sogar eine Kuh, damit sie frische Milch hatte für ihre Kinder –, hörte die Mutter sie schimpfen und mit dem Fuss aufstampfen: «Nein, nein, das darfst du nicht, du darfst nicht meine Milch trinken, geh weg!» Die Mutter schaute nach und sah eine Viper neben dem Kind, die an die Milch im Becher heranwollte. Das Kind erschrak nicht. Es erschrak nie, das Kind. Es wirbelte nur herum. Und es entzückte auch seinen Vater, wenn er für kurze Zeit nach Hause kam. Konnte man mit diesem Kind schimpfen? Es lernte seine Gebete leicht auswendig, haspelte den Rosenkranz herunter, wenn man es von ihm verlangte. Später wurde es, wie sein Bruder, in ein Internat gesteckt, um die Schulzeit hinter sich zu bringen, denn Ada musste nun mit Giglio in die Schweiz reisen, bei ihm bleiben und Geld verdienen. Das Internat für zwei Kinder kostete.

Ada war unglücklich ohne die Kinder, putzte, wusch in fremden Häusern, kochte für die Kinder anderer Leute, schimpfte nie, denn ihrem Gastland, so nannte sie es, ihrem Gastland gegenüber bewies sie Dankbarkeit, vergass es nie, dass sie hier, sie und Giglio, Arbeit gefunden hatten und dass sie in der ersten Stelle, in einem Hotel in der Innerschweiz, als Küchenmädchen so viel Milch trinken durfte, wie sie wollte. Auf den Tisch sei eine Kanne mit schäumender frischer Milch gestellt worden, sie hätte sich ein Glas einschenken dürfen, ein zweites und wenn sie noch Durst gehabt hätte, ein drittes Glas. Schäumende weisse Milch, eine Kanne voller Milch, für sie, Ada, und die andern in der Küche. Aber sie wurde mit den Jahren immer schmaler, strich sich das rötliche Haar immer strenger in den Knoten am Hinterkopf, kein Härchen durfte sich kräuseln, keine Strähne in die Stirn fallen. Und die Lustigkeiten mit Giglio? Man tat seine Pflicht. Man reiste, mit Sachen für die Kinder beladen, zehn Stunden ins *paese,* im Winter, wenns kalt war, im Sommer, wenns heiss war, in Angst, wenn eins der Kinder krank geworden war, in Furcht zurück, um den Arbeitgeber wegen einer Verspätung nicht zu erzürnen.

Ich weiss nicht, wie der Steinhauer Giglio diese Jahre empfand und wann er den Glanz und die Freude verlor. Es fing die Zeit an, wo er oft die Stelle wechseln musste.

Mit den Jahren kamen auch die Kinder nach B., der Bub ging in eine Lehre, wurde Flachmaler. Er konnte sich an seinem Sohn freuen, der pinselte brav, bekam Aufträge. In der Freizeit arbeitete er auch, malte, strich, entwarf, bekam Auszeichnungen. Das kleine Mädchen hatte die Sprache des Landes hier mit Leichtigkeit erlernt, steckte sich die Zöpfe hoch, bediente in einer Firma das Telefon, versah Büroarbeiten, angelte sich einen Carlo, der aus dem *paese* war. Sie sah ihn zum ersten Mal in der Strassenbahn, dachte sich, den habe ich gesehen, der ist bestimmt von dort, wo ich auch her bin, ich möchte ihn kennenlernen, ich werde ihn heiraten. Und schritt zum Ausgang der Strassenbahn und liess, genau vor dem Carlo – sie wusste damals noch nicht, dass er Carlo hiess –, sie liess vor den Füssen des jungen Mannes ihr Taschentuch fallen, er hob es auf, *Signorina,* rief er, sie drehte sich verwundert um, die Signorina, sie tauschten Adressen aus, nach ein paar Monaten waren sie ein Paar. Nun nahm die junge Frau ihren eigenen Hausstand an die Hand, gängelte den Carlo, bewirkte, dass sie wieder in die Heimat zurückkehrten und dass er, Carlo, Staatsangestellter wurde. Nämlich Elektriker im Spital des Dorfes. Das ging alles glatt, wurde eingefädelt, Carlo bekam die Stelle, nachdem er das Examen bestanden hatte. Seine junge Frau hatte ein Jahr lang mit ihm die Prüfungsaufgaben gebüffelt.

Ada blieb irgendwie auf der Strecke. Giglio war schon längst auf der Strecke geblieben. Er war oft betrunken. Er war oft krank. Im Spital schickte man ihn zum Hausarzt zurück, der Hausarzt lieferte ihn wieder ins Spital ein. Ada jammerte, sagte, alles komme vom Trinken. Giglio sagte nichts, machte ein schlaues Gesicht. Schämte sich der Sohn seines Vaters? Er redete ihm zu, er unterstützte die Mutter. Aber als er seine letzte

Anstellung verlor, da war er traurig für den Vater. Einen so kranken Mann schiebe man nicht einfach so ab, weil er nichts mehr nütze, nichts mehr einbringe. Zwar würde er, der Sohn, genug verdienen, aber es sei nicht recht, dass man ihn so wegschickte, ihm den Schuh gebe. Auch an seinen späteren Stellen habe er doch viel gearbeitet, er sei, hätte man auf dem Bau um sieben Uhr angefangen, immer schon um sechs Uhr an der Arbeitsstelle gewesen, habe Ordnung gemacht auf der Baustelle, alles vorbereitet, das Werkzeug bereitgelegt, für die anderen. Ein guter Hilfsarbeiter sei er gewesen.

Ada brauchte das Wort Gastland, dem man dankbar für Milch und für Arbeit sein müsse, nicht mehr. Sosehr sie litt unter der Trunksucht ihres Mannes, wie sehr sie sich wegen seiner Schwäche und Haltlosigkeit schämte, so energisch verteidigte sie seine Rechtschaffenheit, seinen Arbeitseifer auf den Bauplätzen, bei so vielen verschiedenen Arbeitgebern, und durch all diese Jahre hindurch. Sie hatte auch viel nachgedacht über ihr Fremdsein hier, über die Auswanderung, die Zerrissenheit zwischen zwei Heimatländern, auch über die Rückwanderung. Auch sie hatte sich in den langen Jahren in der Fremde verändert, hatte ihre Nachbarn zu Hause verloren. Diese Rückwanderung liess nun die in der Fremde verlebten Jahre plötzlich viel trostloser, fremder, unsinniger erscheinen. Gewiss hatte sie die Sehnsucht nach zu Hause genährt, jetzt aber, im Alter, war das Zuhause kein Zuhause mehr. Ada dachte nie so weit, zog keine Vergleiche. Aber schicksalsergeben sagte sie sich, gewisse Dinge seien eben vorgezeichnet im Verzeichnis der Armen, *nell'elenco dei poveri,* wie im Strafregister.

Ich glaube nicht, dass Ada und ihrem Sohn alles das in den Sinn kam, als sie den Leichnam des Betrunkenen im Schrebergarten fanden. Sie sahen nur den Tod, der nun den Vater getroffen hatte. Der Tod war nichts Aussergewöhnliches, er gehörte in den Ablauf der Dinge, gehörte zum Leben. Sie wussten genau, was sie zu tun, wie sich zu benehmen hatten: der Gang zum Pfarrer und welches Essen am Tage der Beerdigung für die

Trauergäste bereit sein musste. Das Dorf war es, das den Ton angab und bestimmte, wie es sein musste. Das kannte man, das war nicht neu. Man fügte sich. Man gehörte dazu.

Durch den Tod kam für sie alle wieder etwas in Ordnung, der Tod verlieh allem wieder seine Richtigkeit. Den Schrebergarten, die leeren Flaschen würde man bald vergessen; und dass es schon Nacht war, als man Giglio, den *tagliapietra,* fand, und dass es sehr kalt war.

Spät in der Nacht, als alle Verwandten benachrichtigt waren und die Tochter Natalia ins Telefon geweint hatte, dass der *povero papà* nun nicht mehr da sei, sassen wir noch eine Weile zusammen mit Ada. Sie war noch etwas bleicher als üblich, trug aber eine Würde zur Schau, die ihr stand. Sie hatte von sich aus die Flasche Likör aus dem Schrank geholt und jedem von uns, nach dem heissen Espresso-Kaffee, ein Gläschen angeboten. Es war nun eine grosse Ruhe in der Stube der Ada und ihres Sohnes. Erst übermorgen musste man ins Dorf fahren. Die schwarze Kleidung lag bereit, der Sohn würde frei bekommen vom Malergeschäft, man würde mit zwei Autos fahren und unterwegs die Verwandten in Frodo aufladen. Das Restaurant, das Ada und ihr Sohn gut kannten, würde gewiss die Speisung aller übernehmen.

Ich begann von Giglio zu sprechen, fragte, wie es gewesen sei, als er nach Mailand zog, um Koch zu werden. Davon hatte mir Giglio einmal selbst erzählt; ich wollte aber mehr wissen.

Also, so sei es gewesen, begann Ada, denn sie wusste es genau, ihr hatte es der junge Ehemann recht oft in seiner damaligen Pfiffigkeit erzählt. Mir fehlte dieses Stück Leben des toten Steinhauers. Es war nach der Schule, es war, nachdem er Kühe gehütet hatte im Val Serra – manchmal wars auch das Val Mello gewesen, in seiner Rückerinnerung, aber geographische Namen können ja im Laufe eines Lebens wechseln. Und waren es wirklich 37 Rinder gewesen, die auf der Alp zu hüten waren? Das war doch im zweiten Sommer, im ersten waren es Schafe gewesen. Das korrigierte nun Ada. Für eine Lehre war es damals noch zu früh gewesen. In Italien wird man mit zwölf oder dreizehn Jahren aus der Schulpflicht entlassen, damals jedenfalls. Es kann mir heute keiner sagen, wie alt Giglio war, als er zum ersten Mal in die Welt hinausfuhr. Vielleicht vierzehn, aber sicher ein kräftiger Bursche. Auf jeden Fall sollte er in die Stadt, eine Arbeit suchen, Geld verdienen. Man wandte sich an die Schwester Matilda. Matilda war die ältere Schwester der beiden Bianchi-Brüder. Von ihr war nie zuvor die Rede gewesen; vielleicht stammte sie aus einer früheren Ehe der Mutter Bianchi. Matilda kam also erst dann ins Spiel, als man eine Stadt für Giglio aussuchte. Es war Mailand. Matilda erklärte sich bereit, den Kleinen bei sich aufzunehmen und für Arbeit besorgt zu sein. Er könne ja in einer Küche mithelfen, so hatte sie geschrieben. Er könne bei ihr wohnen, sie werde ihn am Bahnhof abholen. Was Matilda in Mailand eigentlich so trieb, das war nie nach Cles gedrungen; dass es ihr gutging, sah man von weitem, wenn sie dort ab und zu aufgemacht, aufgezäumt wie eine Wohlhabende, erschien. Giglio fuhr los, zuerst von den Bergen hinunter, mit der *corriera,* der Autopost, dann mit der Bahn in die Poebene, von dort mit einem Schnellzug bis Mailand. Er sprach wohl die ganze Zeit über kein Wort. Er trug ein Bündel bei sich, ein paar Lire, hatte die Fahrkarte gut versorgt und wusste natürlich die Adresse der Schwester. In einem grossen Bahnhof mit hohen Hallen kam er an. Niemand erwartete ihn. Keine Schwester weit und breit. Er suchte, stand still, ging auf und ab, wartete. Er kam gar nicht dazu, verzweifelt zu sein. Zu gewaltig waren die Eindrücke, die auf ihn niederprasselten. Er gab sich auch nicht verloren, fragte sich durch, bestieg eine Strassenbahn, schlüpfte zwischen den Leuten hindurch. Er würde die Wohnung Matildas schon finden. Eine aufgeputzte Person fiel ihm auf, die an einer Station zustieg: krauses Haar, rote Lippen, auffallend gekleidet. Er zupfte sie am Ärmel. Sie schaute unwillig auf den Kleinen hinunter. Er keck: «Du bist doch meine Schwester Matilda!» Sie hatte keine Ausrede, dass sie nicht am Bahnhof war, sie meinte nur: «Ach, da bist du ja», fühlte sich gestört durch den ungeschlachten kleinen Bruder. Aber es blieb ihr nichts anderes übrig, als ihn auf ihr Zimmer zu nehmen, denn die vornehme Matilda besass gar keine Wohnung, nur ein Zimmer. Sie gab ihrem Ärger, so ein Anhängsel nun bei sich zu haben, freien Lauf, sie warf ihm eine Decke zu, ein Kissen. Er könne auf dem Boden schlafen.

Aber Giglio hatte sich auf dem Mailänder Pflaster durchgesetzt. Er hatte sich in den Kopf gesetzt, Koch zu werden. Er ging von Restaurant zu Restaurant, bis man ihn als Küchenburschen aufnahm. Er war fleissig und tüchtig, er lernte rasch, wie man einen Sugo zubereitet, er wurde auch bald zum Einkaufen auf den Markt geschickt, er kannte sich aus in Gemüse und Kräutern und den richtigen Tomaten. Er konnte so etwas wie eine Lehre machen, trug eine weisse Mütze auf dem Kopf, zog sich eine weisse Jacke an. Beides musste oft gewaschen werden. Nun war es Matilda, die um den kleinen, tüchtigen Bruder warb. Bald nächtigte er nicht mehr in ihrem Zimmer. Er hatte einen Verschlag oberhalb der Küche bezogen, in der er arbeitete. Hier war er sein eigener Herr und kam niemandem in den Weg. Doch Matilda wollte ihm die Wäsche waschen. So schnell liess sie sich von ihrer Aufgabe nicht entthronen, die sie so schäbig begonnen hatte. Giglio überliess ihr das Waschen, hielt aber streng darauf, dass er die Besorgung bezahlte. Später bemerkte er zu Ada, er habe viel mehr als in einer Wäscherei bezahlt, sei Matilda aber nie etwas schuldig geblieben. Das sagte er erst, als sie sich um das Erbe stritten, um das alte Haus in Cles. Im Übrigen habe sie zum Waschen der Mütze und der Küchenjacke eine so scharfe Javellauge verwendet, dass seine teure Kochausstattung rasch kaputtgegangen sei.

Ja, er kam schon draus, der Giglio, mit seinen vierzehn, fünfzehn oder sechzehn Jahren. Vor dem Krieg, da hatte er sich kräftig und schlau behauptet. Damals war er nicht nur arbeitsam, sondern auch pfiffig gewesen. Pfiffig war Giglio Bianchi gewesen, bevor er dem Leben nicht mehr standhielt, sondern einging. In Trunksucht.

Ada war nach dem langen Tag müde geworden, sie legte sich in der Stube aufs Sofa; und ich mochte nicht weggehen von den Menschen, die mir nahe waren, näher kamen durch den Tod des schönen Giglio, des versoffenen Giglio.

Ich hörte noch, wie Ada ein Ave Maria murmelte.

DER SONNTAG

Die Brille – das Öl – Obst nicht vergessen –
hastig zum Strand, die Sonne schon oben –
ein Aufbruch.

Andate in piazza?
Es zupft uns am Ärmel:
Bänder im Schwarzhaar,
Rüschen am Kleidchen, tänzelnde Beine wie Stecken,
kleines Mädchen, was willst du?

Die piazza? der Sonntag?
Musik und Bewegung,
und du voller Erwartung.
Wir eilen zur Bräune, sie ist wichtig fürs Heimgehn.

Venite in piazza?
Ihr Fremden, kommt mit mir,
die Leute, die Kleider
und Farben, in Zucker,
und viele Musiken.

Kleines Mädchen, willst tanzen,
rundum und für immer
dort ist das Leben, so glaubst du?

Sieben Jahre Erwartung –
doch, es ist Sonntag,
ein Sonntag zum Freuen.
Kleines Mädchen, wir kommen.

ES MUSS DOCH IRGENDWIE WEITERGEHEN

Bis jetzt wollten wir wissen, wie es dazu kam. Jetzt aber entgleitet unserer Suche das, was geschah, das Gegenwärtige und alles Zukünftige. Ein Jahr geht zu Ende.

SOMMERMONATE 1977
Die Aufmerksamkeit der Umgebung richtete sich bislang auf die Zeit vorher, suchte in den Jahren vor jenem ersten Januar die Lösung eines Rätsels, das zur Tat geführt hatte. Wo lagen die Geheimnisse, die in jenen grauenhaften Ausbruch mündeten? Zwar wäre es niemandem eingefallen, klar die Frage nach Schuld und Nichtschuld zu stellen, jeder wusste, so einfach lief es nicht. Diese Einteilung ergab wenig, da war alles zu sehr ineinander verflochten, verlief fein verästelt in verschiedenste Richtungen; und bis zu den Wurzeln hinunter graben schien ein Ding der Unmöglichkeit. So tastete ich, das Feld beobachtend, mich weiter vor, um zu einem annähernden Verständnis der fremden türkischen Familie zu kommen, die sich unseren Verhältnissen so angepasst hatte. Sie benahm sich so wie wir, keiner spürte eine Kluft zwischen ihnen und uns. Sie hatten unsere Konventionen übernommen, niemand spürte, dass diese Konventionen für sie ohne Inhalt waren. Keiner ahnte, dass ein Unglück vorlag. Die Eltern verbargen eisern ihre Enttäuschung über ihren Ältesten; sie dachten, sie müssten nur einen grösseren Druck auf ihn ausüben und alles würde sich zum Bessern wenden. Eine strenge Schulzucht für den Jungen zum Beispiel, das würde herauspressen, was sie von ihm erwarteten: äussern Erfolg. Ihre einzige Pflicht für sie war es, das nötige Schulgeld herbeizuschaffen, also mehr zu verdienen. Noch war ja er, der Ehemann, trotz Rezession nicht arbeitslos geworden, das neue Geschäft Ayla Keskins schien sich erfreulich zu entwickeln, und der neue Wohnort endlich brachte das ersehnte Prestige. Realisierten die Eltern, dass es für die Söhne im neuen

Haus kein Zimmer mehr gab – zugunsten des Salons und der Kundinnen, also gerechtfertigt dadurch, dass ja damit, auch für die Söhne, das Einkommen sich erhöhte, aber machten sie sich Gedanken darüber, wie der Entzug des Reviers auf die Söhne sich auswirkte? Der Vater, Achmed Keskin, begnügte sich wohl selbstverständlich damit, dass sein Arbeitstisch, auf dem er abends an seinen Berechnungen und architektonischen Konstruktionen bastelte, sich schmal auf einer Galerie befand. Die merkwürdige Angst und die Unruhe in den beiden, Ayla und Achmed, spürten nur die Freunde aus Istanbul, schoben sie dann aber auf Übermüdung nach dem Umzug und auf das Einrichten des eigenen Kosmetiksalons.

Wir Zurückgebliebenen in Zürich, die sich zusammengetan hatten, die Nachbarn Tanner und ich, waren merkwürdig vereint in unseren Fragen, wir erzählten uns gegenseitig: Sie berichteten mir, was jetzt wieder los sei mit Osman Keskin in Untersuchungshaft, welche Briefe er ihnen geschrieben, wie er auf Pakete reagiert hatte, ich fuhr sofort zu ihnen, nachdem ich aus Istanbul zurück war. «Wäre ich doch mitgefahren», jammerte Frau Tanner «der arme Bub, der Murat, ich muss ihm doch erklären, warum wir Osman Zigaretten bringen, warum ich seine Wäsche besorge; aber auch, dass ich mich vielleicht noch mehr um ihn, Murat, sorge und dass es jetzt darauf ankommt, dass er endlich lernt zu lernen und in der Schule weiterkommt.» Hatten bis jetzt unsere Gespräche die Erinnerungen an die Keskins abgetastet, waren sie immer eingemündet in den Satz «und dann passierte das!», so liessen wir jetzt das Gewesene vergangen sein, die Gegenwart verlangte zunehmende Aufmerksamkeit. Zum Beispiel suchte ich Mittel und Wege, um mit dem Psychiater in Verbindung zu kommen, der das Gutachten über den psychischen Zustand des Mörders fürs Gericht ausarbeiten musste. Er hatte O.K. schon untersucht, natürlich unter strengster Geheimhaltung, besonders gegenüber einer neugierigen Journalistin. Eines Mittags aber sass ich doch in der psychiatrischen Praxis und beschrieb mit bewegten

Worten meine Begegnung mit Murat Keskin in Istanbul, der, wie mir schien, im Augenblick am meisten der Hilfe und Aufmerksamkeit bedürfte. Das heisst, er, der jüngere Bruder, war erreichbar für unsere Anteilnahme. Zwischen Osman und uns aber waren die Gefängnismauern, und mit Osman beschäftigen sich ja Bezirksanwalt, also Untersuchungsrichter, Wärter, Psychiater und Verteidiger zur Genüge; so jedenfalls stellten wir es uns vor. Und dann fiel es mir jetzt, nach dem Istanbuler Augenschein, leichter, etwas über die Familie Keskin und ihre Lage im Schweizer Alltag auszusagen und damit vielleicht, indirekt, für das Versagen eines jungen Mannes Verständnis zu wecken. Das war ja auch unser eigenes Bemühen: so weit zu verstehen, dass das Unmögliche, Unfassbare auch ohne Begreifen angenommen werde. Zu prüfen, inwieweit wir selber als Eltern sofern versagen, wie die Keskins als Eltern versagt hatten, dann aber auch der junge Mann, der sein Schicksal nicht tragen konnte und aus der Bahn geriet? Oder war es eine Art Nachholbedarf, dass ich so viel sprach in der Praxis des Herrn Dr. Geiger, mir alles von der Seele redete, für den verlorenen Murat, eingeklemmt zwischen zwei Vaterländern, von denen keins ihm eines war, für den Elternlosen, den niemand barg, den Bruder eines des Mordes Angeklagten; für einen schlechten Schüler ausserdem, einen trotzigen, pickelnarbigen jungen Mann, der sich nur dann selber fand, wenn er im flotten Auto eines reichen Mädchens, den Arm aufs offene Fenster gelegt, am Ufer des Bosporus entlangfuhr. Der aber umgekehrt noch so viel gesundes Empfinden aufbrachte, dass er sich zwar im internationalen Restaurant des grossen Hotels verwöhnen liess, wohin ihn die Journalistin aus Zürich eingeladen hatte, um ihn über sein Elend zu trösten – damit er nicht aus dem Schulblechnapf essen, sondern aus einer langen Speisenfolge wie ein Herr das aussuchen sollte, was ihm Spass machte –, der aber dann spürte, dass das ein falscher Trost sei, einer, der nicht traf, und auch bemerkte, dass so viel Geld auszugeben für so wenig nicht richtig sei.

Wie überhaupt konnte man etwas Richtiges tun? Verzweifelt schilderte die Journalistin dem Gutachter die Begegnungen in Istanbul, versuchte seinen Sinn zu öffnen für eine türkische Situation im zwinglianischen Zürich, probierte auf diese und jene Weise, auf asiatisches Empfinden hinzuweisen – oder wie immer man es benennt. Jedenfalls hatte die Journalistin in Anatolien und in Istanbul, ja auch in Istanbul, den grossen Atem Asiens gespürt, der gewiss die Menschen anders beeinflusst als uns, die vom Föhn niedergedrückt oder aufgeregt werden; dass ein Unterschied besteht zwischen islamischen und christlichen Forderungen an Lebensweisen, darauf brauchte sie den Gebildeten wohl nicht aufmerksam zu machen, mit dem sie nun ein Glas Wein trank in seiner Praxis wahrend der kurzen Mittagspause, in entspannter Atmosphäre mit Bündnerfleisch, das man mit den Fingern vom Teller weg sich in den Mund stopfte. Sie tat es, weil sie Ayla Keskin im Nachhinein immer mehr zugetan war und ihr ihre aufgeregten Bemühungen um das Wohlergehen einer Familie, die offenbar falsch waren, immer näher gingen. («Du tötest mich ja!», so habe sie ausgerufen, als der Sohn tätlich geworden war und sie mit einem Hammer dann zum Schweigen gebracht hatte.) Aber alles dies war ja nun die Sache des Gerichtes und der Rechtsgelehrten, an ihnen war es, das Vergehen nach den Gesetzen unseres Landes gerecht zu bestrafen. Aber durch diesen Mann konnte ja etwas anderes einfliessen ins Untersuchungsgebäude, etwas, das sich nicht nach dem Strafgesetzbuch richtet, sondern nach den innersten Gesetzen der Menschen, Vorgänge, die sie selber zu wenig kennen, die aber ihre Kraft unerbittlich auf sie ausüben. Es ging alles so weit gut. Man konnte sogar scherzen, die Journalistin forderte für ihre Auskünfte frech Gegenauskünfte, hörte, dass der Mörder eine gute Intelligenz aufweise, sehr beherrscht sei und immer auf Wirkung ausgehe, sich vorher überlege, wohin seine Antworten zielten. Sie erschrak nur sehr, als der Arzt Dr. Geiger die Gewalttätigkeit des Untersuchten herausstrich und betonte, er setze sich schon einer Gefahr aus, wenn er mit ihm allein sei.

Es fuhr ihr durch den Sinn, dass Osman in Handschellen zu ihm in die Praxis gebracht worden war, zu einer Stunde so über den Hof des Untersuchungsgefängnisses geführt worden war, als gerade der Nachbar, Herr Tanner, ihm den wöchentlichen Besuch machen wollte. Osman hatte ihm die aneinandergeketteten Hände entgegengestreckt, wortlos, Herr Tanner hatte verstanden, gescherzt, «mach dir nichts draus, sie müssen halt, es sind die Vorschriften», war aber dann schnurgerade zum Bezirksanwalt gegangen und hatte sich beklagt, was ihnen denn einfalle, ob sie von allen guten Geistern verlassen seien, so ein Büblein in Handschellen! Aber der Herr Doktor der Psychiatrie hatte sich doch vielleicht durch die Handschellen, die dann freilich, so nehme ich an, dem Untersuchungshäftling nach der Autofahrt abgenommen worden waren, beeindrucken lassen.

Die Journalistin hatte sicherlich nicht ganz schlecht gesprochen, anschaulich erzählt, der Schilderung ihrer jüngsten Erlebnisse Lauf gelassen, so jedenfalls, dass hinterher der Psychiater sich dahingehend äusserte – privat, freilich, ganz privat, aber was kommt einem von Kollegen nicht zu Ohren! –, er könne nicht verstehen, warum sich die Journalistin so heftig «gerade für diese Keskins» einsetze. Fiel das Wort «unsympathisch»? Wurde anstatt des Wortes «Familie» das Wort «Fall» verwendet? Es kann hinterher nicht mehr geklärt werden. Kann man es dem Gutachter verargen, dass die Keskins für ihn ein Fall waren, nicht eine Familie, die unterging? Eine Familie, die zerstört wurde? Durch die Hand eines Wahnsinnigen, zumindest eines Kranken? Aber was führte dazu, dass dieser junge Mann die letzten Barrieren fallen liess, mit unerhörter Kraft der Verzweiflung das von ihm Geliebte aus der Welt schaffte, um leben zu können? Weil Erwartungen auf ihm lasteten, die er niemals würde erfüllen können? Das war vielleicht die Psychologie des kleinen Mannes, hier von der tragenden Journalistin übernommen, die versuchte, Wirklichkeiten vorzulegen und sie auszubreiten, damit der Arzt daraus und aus seinen Untersuchungen die Wahrheit herausfände und formulierte.

Einige Wochen später erfuhr ich dann auch, direkt vom Bezirksanwalt, dass der Häftling gemeinsam mit seinem damaligen amtlichen Verteidiger das Gutachten über sich gelesen und treffend gefunden hatte.

Doch noch war ich bei meinen Berichten der Istanbuler Tage, bei Murat und seiner Not, in der Sprechstunde des Arztes, der, wie ich mir einbildete, studiert hatte, wie man Menschen in extremer Hilflosigkeit beisteht; geübt war, nein, gewiss nicht darin, Lösungen vorzulegen und Rezepte auszustellen, aber doch darin, hinzuweisen auf Wege, die vielleicht aus dem Chaos führen. Denn jetzt handelte es sich, bei Murat jedenfalls, um Notausgänge, die anzudeuten und zu bezeichnen wären; vielleicht hätte sogar eine Schrift aufleuchten sollen, die wenigstens die Richtung für den Ausweg bezeichnen würde. Diese schwere Fracht von Fragen, halb beredt, halb stumm vorgetragen, wurde aus der Praxis des Arztes hinweggewischt mit einem gebildeten Hinweis auf griechisch anmutende Tragödien und gipfelte im Rat: «Er muss den Bruder vergessen.» Die Ungeheuerlichkeit des Nebensatzes wurde mir erst allmählich bewusst.

Nichts führte weiter. Hoffnungslosigkeit. Für den Eingesperrten, bei dem jede Verbindung kontrolliert war, für den Lebenden, der sich zürcherischen Ratschlägen – «du musst lernen, Murat» – und hilflosen Hilfen entzog. Er entzog sich auf seine Weise, er versuchte, in Istanbul nicht gänzlich unterzugehen, indem er im Istanbuler Strom mitschwamm; was anderes blieb ihm übrig? Seine anhänglichen lieben Briefe an seine geliebte Frau Tanner wurden immer höflicher, ausweichender, unzuverlässiger. Noch verlangte er heftig nach der an ihm von klein an geübten Aufmerksamkeit aus Z., begehrte plötzlich Auskünfte und Prospekte über schweizerische Mittelschulen, er sei doch Schweizer (das folgerte er, wieder einmal unrichtig, weil er hier aufgewachsen sei), man müsste ihn aufnehmen; oder vielleicht eine schwedische Schule? Dort würde ihn keiner kennen, niemand wüsste etwas von seinem Unglück. Er kündigte, ja er drohte einen Besuch an, kam dann zu einer völlig anderen Zeit, setzte sich in ein Strassencafe, versäumte, zum Mittagessen zu kommen, schrie nach dem Geld, das man seiner Meinung nach an seinen Bruder verschleuderte, vergass aber zugleich den Zweck seiner Reise, Erkundigungen über sein Erbe einzuziehen. Es habe doch da noch eine Versicherung gegeben? Und das Geld aus dem Verkauf der Teppiche? Er behauptete, die Adresse des Anwalts, die ihm Herr Tanner aus dem Telefonbuch her ausgeschrieben hatte, verloren zu haben, und bezichtigte uns alle der Spionagetätigkeit. Ein hilfloses Kind, das man nicht mehr streicheln konnte, weil es wie ein junger Hund biss und um sich schlug, ein sich als erwachsen Gebärdender, der verschwieg, dass er im gleichen Flugzeug wie der Grossvater angekommen ist und ihm in Z. aus dem Weg ging, eine Einladung des Grossvaters in Z. zwar annahm, aber nicht erschien. «Meine Sorge ist Osman», gestand der Grossvater gegenüber den Fremden, den Tanners, die seine Freunde sein wollten, sich nicht nur praktisch für Osman einsetzten, sondern sich auch für Murat, den Verirrten, verwendeten, «aber meine grösste Sorge ist Murat.» Es war ein Zugeständnis, ja, aber es war auch eine energische Abwehr: Er verbat sich die Einmischung der Zürcher. Übrigens hatte er literweise süss duftendes Eau de Cologne und pfundweise süsse Kuchen mitgebracht, für Osman vor allem – und war beleidigt, dass er nicht alles abliefern durfte –, aber auch für Tanners. Frau Tanner machte zwar einen letzten leisen Versuch, das Misslingen Murats im türkischen Internat, seine Abfuhr bei den Prüfungen, zu verstehen, und äusserte zum Grossvater: «Er kann doch nicht von heute auf morgen alles wissen, er ging ja in Z. bloss in die Realschule. Haben Sie Geduld. Und muss Murat unbedingt auf die Universität?» Sie blitzte ab mit ihrer Sorge. Alles blitzte nun ab, so schien es mir, was von Z. nach Istanbul sich vortastete; eine Verständigung war nicht möglich, und sie hatte, im Tiefsten, wohl eben nie stattgefunden. Eine oberflächliche Verständigung war – aus praktischen Gründen? – von der türkischen Familie gelebt worden. Keskins und Tanners waren nebeneinander über Weiden spaziert, sie hatten die Blumenwelt des Frühsommers in den Voralpen genossen. Waren sie sich je nahegekommen?

«Es ist merkwürdig, wie Menschen so zusammenkommen», bemerkte Herr Tanner einmal, als ich nach einem Fondue-Essen mich von den Tanners verabschiedete und bis zum Auto begleitet wurde. Herr Tanner äusserte sich damit über unsere gemeinsamen Unternehmungen, aber im Grunde gab er auch einen Kommentar zur Freundschaft zwischen ihnen selbst, den Tanners und den türkischen Nachbarn.

Noch immer taten sie nachbarlich alles, die Tanners, um das Andenken von Ayla und Achmed in ihrem Herzen rein zu bewahren, sie taten alles, um die Beziehung zu den Söhnen, wegen der guten, gemeinsam verbrachten Jahre, weiter freundschaftlich aufrechtzuerhalten und aus dem Entsetzlichen Lebbares zu gestalten. Sie würden dann wohl einmal einsehen, zusammen mit mir und nur angedeutet, dass es unmöglich geworden und nicht mehr lebbar war.

Alles war zu spät.

Vorläufig ging's so vor sich:

Alle Handlungen wurden nun unsicherer. Die Besuche beim Häftling, das Waschen seiner Hemden, das Abliefern von Zigaretten, die Entgegennahme von Wünschen wurden mit den Monaten mühsam. Die Selbstverständlichkeit zu helfen, als Pflicht und als wohltuend gemeint und zunächst als wohltuend entgegengenommen, funktionierte nicht mehr. Gegenseitige Kritik, dann offenes Misstrauen und schliesslich totale Ablehnung des inhaftierten Osman gegenüber den nachbarlichen Tanners.

Herr Tanner war zunächst verwirrt, weil er Osman immer so munter vorfand. Kein Zusammenbruch, keine Zerknirschung. Herr Tanner war nicht die einzige Verbindung zur Aussenwelt, mit der Zeit auch nicht mehr der einzige Ratgeber. Noch wies Herr Tanner seinen Schützling zurecht, wenn er blasiert tat, Spaziergänge im Hof des Gefängnisses ablehnte, weil er nicht mit «diesen Gesellen» zusammen sein wollte. Dabei wurde er bleicher und bleicher, verlor die Haare, das Luftschnappen wäre dringend nötig gewesen, so meinte Herr Tanner. Fuhr aber dann dazwischen, als er hörte, dass die wirklich schlechten Kameraden seines Osman, die, die ihn zum Überfall auf den Postboten animiert hatten, ihn im Gefängnis besuchten. Oder Mädchen, mit denen er befreundet war. Mit der Zeit musste er einsehen, dass seine Macht nicht über die Besuchsstunde hinausreichte, gute Worte ihr Ziel verfehlten. Das Licht, das auf die Dinge fiel, veränderte sich. Nur war es schwierig, sich die Veränderungen einzugestehen.

Ob er denn nicht gemerkt habe, durch die Wand, meinte Osman zynisch zu Herrn Tanner, dass sie immer gestritten hätten, die Brüder untereinander? Und dass die Eltern, als Strafe gedacht, wochenlang nicht mit den Söhnen geredet hätten? Das sei die Kunst der Familie gewesen, alles zu verbergen, kommentierte stolz Osman. Andererseits aber kamen Briefe aus Istanbul, dass Murat in Z. aussagen wolle, um zu verhindern, dass sein Bruder Schlechtes über die Eltern berichte. «Ja, es war ein Honiglecken in dieser Familie, ein Honiglecken, das wir auch nicht verstanden, aber dann plötzlich kehrte sich ja alles ins Gegenteil. Das Fremde ist nie zum Vorschein gekommen, aber jetzt ist es da», so denken die Nachbarn und sprechen es zögernd aus.

Noch waren sie sicher in ihren Gefühlen, noch zeigte Frau Tanner glücklich auf einen Dreikäsehoch in ihrer Zufahrt, der mit dem Dreirad herumflitzte und sie ankrähte: «So waren der Osman und der Murat», noch machte sie zwanzig Päcklein für die Ferienreise nach Istanbul, um die Freunde der Freunde zu beschenken. Und schöne Dinge kaufte sie für den Murat, «weil er mich so erbarmt». «Ging auch alles gut», fragte ich die Weltreisenden dann nach ihrer Ankunft auf dem Flugplatz, wo sie braungebrannt und selbstverständlich durch den Zoll auf mich zukamen, und Frau Tanner tapfer sagte: «Nein, leider nein, muss ich sagen.» Sie fügte später hinzu, Murat sei faul und habe schlechte Freunde, denke nur an Autos und Geld. Herr Tanner sagte leise: «Er ist geworden wie Osman.» Das Ehepaar Tanner hatte wohl lange miteinander diskutiert und viele Überlegungen angestellt, bis diese Kritik an beiden Söhnen Keskin zögernd, aber nun doch entschlossen ausgesprochen wurde. Die Entfernung von ihren türkischen Freunden wurde ihnen leichter gemacht, hatte doch die Familie von Frau Keskin, welche die Tanners dringend nach Istanbul eingeladen hatte, sich nicht so verhalten, wie nach zürcherischen Vorstellungen erwartet, wie in wortreichen Sätzen auch versprochen worden war. Bei der Ankunft liess man sie sitzen, sie mussten stundenlang warten, bis man sie an den richtigen Ort brachte; der Ramadan, von dem die Tanners nie gehört hatten, dass er von der Familie ihrer Freunde gefeiert werde, war da irgendwie dazwischengekommen. «Was man nicht alles erlebt», dieser Kommentar von Frau Tanner war nun nicht mehr zu hören, nur Ende September dann einmal der entschlossen traurige Satz: «Heute habe ich mir vorgenommen, mir keine Sorgen mehr zu machen.» Abgrenzung und Distanz.

Der Fall Keskin verlor an Brisanz, auch für die Umgebung. Man sprach nicht mehr darüber, man wurde nicht mehr danach gefragt. Und wenn die Familie Keskin erwähnt wurde, war der abschliessende Kommentar der, dass der gerichtliche Urteilsspruch ja dann zeigen werde, wie sich das Ganze verhalte und «hoffentlich bekommt er lebenslänglich, der Mörder».

Herr Tanner schritt längst nicht mehr als einsatzbereiter Helfer ins Bezirksgefängnis zu Osman. Es gab Kontaktsperre, der Häftling hatte einen – oder verschiedene? – Ausbruchsversuche gemacht. Herr Tanner sprach nicht mehr von «mehr dummem Zeug, das der Bub mir noch machen wird», sondern äusserte: «Wir hätten vielleicht auch Hoffnung, in die Freiheit zu kommen, wenn wir eingesperrt wären.»

Das Jahr ging zu Ende. Es stand wieder ein Weihnachtsbaum in der Stube der Tanners, er war gross und schön geschmückt, wohl so wie immer. Wir sassen da, tauschten Geschenke aus, assen das sorgfältig zubereitete Essen und gaben uns Mühe, keine Vergleiche zu ziehen mit dem Jahr zuvor. Keiner wusste, was er denken sollte. Zwar hatte die Ratlosigkeit einige bestimmte Fragen bekommen, Zweifel waren aufgestiegen, Schuld und Nichtschuld waren nicht mehr klar getrennt. Und das eigene Unwissen über die wirkliche Lage der türkischen Familie in Z. schob sich als Unsicherheit wie ein Schleier von eigener Schuld über unser Verhalten gegenüber den Fremden, die mit uns zu leben versucht, aber es nicht zustande gebracht hatten.

DER GEBURTSTAG DES KINDES

Würde man A. fragen, warum sie ihre Erinnerungen aufzuschreiben versuche, warum sie festhalten wolle, was den Alltag ihres so gewöhnlichen Lebens betreffe, würde sie sich wohl zunächst entschuldigen, sie überschätze das Erlebte keinesfalls, halte es auch nicht für so wichtig, Mitteilung davon zu machen; zu einem bestimmten Zweck und zu Nutz und Frommen der Leser schon gar nicht. Aber dann würde sie meinen: «Ich schreibe, weil es mich wundernimmt, wie es geschrieben aussieht.»

Offensichtlich will A. aus sich herausstellen, was sie bedrängte, will es durch den Filter des Schreibens klären, durch die Konzentration des Festhaltens besser beobachten. Vielleicht überhaupt erst sehen. Sie dreht dadurch die Dinge ihrer Umgebung immer wieder um, wendet sie, sieht sie von dieser, von jener Seite an, um sie dann plötzlich zu entdecken. Ist das nicht Grund genug, diesen Bericht zu schreiben?

Die Frage bleibt offen, ob vieles verschoben wird durch die Erinnerung. Beschönigt? Die Freuden reiner, das Schmerzliche noch heftiger als damals? Diese Einteilung sowie jede Wertung aber lehnt A. entschieden ab. Ihr geht es nur um eine gewisse Behutsamkeit. Sie war immer so eingespannt in ein Programm, gefordert von Tag zu Tag, dass sie gegenüber den Dingen, die ihr wirklich passierten und nur ihr, nie aufmerksam genug war, die Aufmerksamkeit will sie nachholen. A. ist aber auch überzeugt, dass sie aus den Dingen, die ihr jetzt zukommen, lernen kann und Früheres begreifen, soweit man sein Leben überhaupt in den Griff bekommen soll.

A. lebt längst nicht mehr auf die Daten ihres kleinen Kreises hin, auf den Geburtstag des Kindes zum Beispiel, den sie zu einem schönen runden Erinnerungstag meinte gestalten zu müssen. Fast zufällig stellte sie fest, dass in drei Tagen der Geburtstag des jungen Mannes ist, der ihr Kind war. Der wievielte? Sie müsste nachzählen und lässt es bleiben, es ist der 24. oder 25.

Geburtstag, was spielt das für eine Rolle. A. ruft sich zur eigenen Rechenschaft den ersten Geburtstag des Kindes zurück. Er war in der Mitte der Welt. A. hatte den Kleinen zum ersten Mal weggebracht, sich getrennt von ihm, weil sie für ein paar Wochen die beiden Métiers, nämlich Pflegerin und Hüterin des Kindes zu sein und ordentliche Artikel termingemäss abzuliefern, wohl nicht mehr zusammenbrachte. Sie erinnert sich nicht mehr an die Erschöpfung, wohl aber an den Aufbruch aus der Stadt, als das Walterchen einjährig wurde: eine Kerze, ein Kuchen, ein gelber Pullover, Frühlingsblumen zu einem Kranz geflochten, der kleine Kranz sollte den Kopf des Bübchens schmücken, herausheben als Feiertagskind aus dem Kreis der andern Ferienkinder. Die fanatische Mutter hatte dann aber genügend Distanz zu ihren Bemühungen und amüsierte sich, weil sie danebengingen: Der Kranz störte das Geburtstagskind derart, dass es ihn ärgerlich vom blonden Kopf schüttelte, der gelbe Pullover mit Rollkragen erwies sich als unbequem, die Kerze verbrannte die neugierigen Finger, und der Kuchen wurde über den Boden verbröselt, bevor er in artige Stücke verteilt werden konnte.

Und nun sah A. den jungen Mann, der auszog, ein Mensch zu werden, und deshalb auch seine Mutter hatte hinter sich lassen müssen; an einem Vortragsabend hatte sie ihn getroffen und festgestellt, dass er das Haar ziemlich lang trug; es schien frisch gewaschen und hatte einen kastanienbraunen Schimmer. Das hatte A. vorher nie bemerkt. Sie sagt nicht «wenn du es kürzer schnittest, das stünde dir besser», sie fragt sich nicht, von wem hat er wohl diesen Kastanienschimmer? Sie denkt einmal daran, dass diese Farbe sie an das Haar ihrer Schwester erinnert, als diese jung war, aber sie fragt sich nicht, ob diese Farbe vielleicht aus der Familie des Vaters auf den Jungen gekommen ist. Die Familie des Vaters des jungen Mannes kennt sie nicht. Wie viel ist von dort, wie viel von ihr auf den jungen Mann übergegangen? Niemand weiss es; A. kann die Rätsel nicht lösen und will sie auch nicht lösen. Nur der Schnurrbart des Jungen ist missfarbig, fahl, borstig, nicht schmeichelhaft für den Träger. Es geht A. nichts an. Und wenn andere sagen, was für einen empfindsamen Mund hat dein Sohn, dein Sohn sieht gut aus, so geniert es sie nicht, freut sie zwar ein bisschen, aber es geht sie nur noch wenig an. Ist sie verantwortlich für den Teil in seinem Wesen, den sie ihm vererbte, die Unruhe und das Fragen vielleicht, und hat sie dafür geradezustehen?

A. weiss nun nichts mehr. Es ist eigentlich wie am Anfang, als sie das Abenteuer einging, ein Kind in die Welt zu stellen, weil sie ein Kleines lieben, hegen und pflegen wollte, sich gar keine Vorstellungen machen konnte, wie das sein würde, aber mit unbändiger Lust durchsetzte, was sie wollte. Das Abenteuer hat sie verändert. Sie weiss nun besser als vorher, dass nichts sicher und verlässlich ist und dass die Stube des Alters und des Alleinseins nicht mit Kindern ausstaffiert werden darf.

Es sind noch Jahre mit Leben zu füllen. Keine Verpflichtungen, keine Hemmung, frei für Radikales. Kein weinendes Kind, das unsichere Unternehmungen wie Wohnungswechsel, Änderungen im Beruf der Mutter, unorganisierte Ferien fürchtete, aber einen jungen Menschen in einiger Distanz, der aufmunternd applaudiert, wenn die Mutter Initiative entwickelt. Die Knechtschaft, die süsse Knechtschaft, in die man sich freiwillig begab, ist aufgehoben.

Söhne, übrigens, sind die einzigen Männer, welche Frauen, ihre Mütter nämlich, zu Taten in Freiheit und Unabhängigkeit aufstacheln, weil sie sie dadurch loswerden. Ehemänner und Liebhaber haben ein Interesse daran, ihre Partnerinnen an die Wiege festzubinden, ins Kinderzimmer einzusperren. Sie gewinnen dadurch an eigener Freiheit, machen Frauen unschädlich. Ihr Tun aber wird gelobt, weil sie ja die Mutterschaft verehren. So lange Frauen Kinderlieder singen, haben sie keine Worte, ihre Unterdrückung zu formulieren. Und wie praktisch ist es, sich als Mutter verehren, sich als aufopfernde Mutter zelebrieren zu lassen.

A. sieht nachdenklich auf ihre Altersgenossinnen, die strickend zu Hause sitzen, Pullover für die Enkelkinder entwerfen, Pakete für Geburtstage zusammenstellen und hoffen, dass wenigstens telefonisch ein Dank eintreffen wird mit der Bemerkung, dass die Grösse passe und die Farbe der kleinen Empfängerin genehm sei!

Wenn A. sich noch mit dem Schreiben befasst, einfangen will, wie die Jahre mit dem Kind und fürs Kind waren – ein Lebensabschnitt wie andere auch –, ertappt sie sich beim Gedanken, wie schön es wäre, am Ende dieses Berichtes die Mutter sterben zu lassen: Abschluss des Mutterdaseins mit dem Tode. Es passiert nicht, weil nichts mehr passiert, wie es in Bilderbüchern steht. Ein Mutterdasein muss zu Lebzeiten abgestreift werden wie eine Haut, die zu gross geworden ist. Aber A. ertappt sich nun dabei, wie sie in die Stadt geht und Geschenke einkauft für das Geburtstagskind. Sie betont: «weil es mir Spass macht», denn der Tag soll nicht zelebriert werden und nicht erinnern an Gewesenes, das ist gegen die Übereinkunft. A. stellt fest, als sie nach Hause kommt und die kleinen Geschenke auspackt, dass es lauter Dinge sind, die der Sicherheit dienen: eine ordentliche Taschenlampe fürs Auto mit Blinkeinrichtung, ein Stoffgürtel mit Reissverschlusstaschen, den man sich um den Leib bindet auf Reisen, um kein leichtes Opfer der Taschendiebe zu werden. Das Geburtstagskind wird die Mutter auslachen, sofort bemerken, wie typisch die Vorsorge sei, vielleicht auch abwehrend sagen «spinnst du», und dann ist die Mutterrolle wieder aufs Beste eingerichtet. Es wird eine Suppe auf dem Tisch stehen am Abend, Käse und Brot auf einem Holzbrett gerichtet, Rotwein. Der junge Mensch, der dein Kind war, wird nach Arbeitsschluss mit vier, fünf Kollegen – man weiss das nie so genau im Voraus – ankommen, sich in der Stube umdrehen, vielleicht bemerken, es sei immer noch gleich schön, er wird der Mutter rasch und sicher die Kameraden vorstellen und dem Mädchen, das zum ersten Mal hier ist, wird er sagen «siehst du, hier bin ich aufgewachsen». Die Mutter geht rasch in die Küche, damit keiner merkt, wie froh sie lacht. Dann bringt sie die Suppe auf den Tisch.

... NEBEN DEM DURSTENDEN IN DER WÜSTE I

Geh nicht in die Mamelukenwüste,
Kind,
zu weit und so gefährlich.

Bin stark geworden,
Mutter,
schau diesen Arm,
ich bin kein Bübchen mehr.

Du kennst die Mameluken nicht,
mein Kind,
nicht den Sandsturm, nicht die Wüsten.

Mutter,
wo denn ist die Wüste mit den Mameluken?
Ich will dorthin,
lies nach für mich, erzähle.

Ach, irgendwo in Afrika,
sehr weit und zu gefährlich.
Du kennst die Mamelukensprache nicht,
kannst nicht mal fragen,
wie man die Oase findet.

Was muss ich reden!
Ich kann singen
und dann tanzen,
sie werden lachen
mit mir aus Zürich,
alle Mameluken.

Was kümmert Mameluken unsre Stadt!
Mich kennen die dort auch nicht,
wer also wird das Süppchen kochen,
das du gern isst?
Warum willst du dorthin?

Sie sind klüger in der Wüste
als der Lehrer in der Schule.
Ich packe den Rucksack allein,
und Socken brauche ich keine.

Barfuss, auch das noch.
Vergiss nicht die Mütze
gegen die scharfe Sonne
in der Wüste dieser Mameluken.

Ich will die Mameluken finden.
Sind sie nicht Sklaven, verjagt,
und haben keine Hütten mehr?
Ich packe Bretter in den Rucksack.
Du weisst nicht, wie das ist,
so ohne Hütte, Mutter, kein Schatten
und ein Wind, der Sand bläst.
Neue Hütten für die Wüste, damit
die Mameluken nachts gut schlafen.

Vielleicht sind sie nicht schwarz,
die Mameluken in der Wüste,
sind weiss geblieben oder braun?

Vielleicht kommt einer mit mir heim?
Ein Freund, und wird dann mit uns wohnen.
Ein Mameluke mehr, es soll mir
recht sein. Und ein Bett mehr gibt es auch.

Und hat dann nie mehr Durst,
der Mameluke aus der Wüste.

DIE TIEFGARAGE

«Man sah es den Wegen am Abendlicht an, dass es Heimwege waren.»
Robert Walser

Tote muss man sehen. Sie wollen es. Sonst sind sie vielleicht gar nicht tot. Ich wollte zu ihm, weil er allein war dort draussen. Man muss etwas tun. Dem Toten Blumen bringen zum Beispiel. Wie sonst könnte man seine Schritte hinlenken zur kleinen Kammer? «Dort, wo die Tür offen ist, die zweite», hatte der Wärter gesagt. Nein. Nein. Noch einmal nein! Die Haare wie immer. Er ist es. Die Lippen blutvoll, wie vor dem Sprechen leicht geöffnet. Aber das steife Hemd, was haben sie gemacht mit ihm. Die Kiste ist zu eng, so erbärmlich klein. Der grosse Kopf leicht geneigt, so sah ich, wie er starb, im Traum, gestern nacht, und wie ich im Traum gezwungen wurde, ihm zu sagen, er sei tot. Ein lächerliches Sträusschen Maiglöckchen auf dem Kissen, die gibt es doch gar nicht, jetzt im August. Schnell weg. Ich könnte nicht bleiben wie die Dichterin, die Wache hält. Und Zwiesprache? Endlich schreien und winseln draussen, an irgendeiner Mauer.

Ich weiss jetzt, wie nahe er mir war. Und ich kann weggehen, wohin auch immer, es spielt keine Rolle mehr, in welche Richtung die Beine mich tragen, wohin ich in Zukunft gehen werde.

Aber was fängt man an mit der eigenen Seele, die dableibt; wie sie hinwegheben über ihn? Alles fing bei ihm an, alles endete bei ihm. Erst nachdem ich es ihm erzählt hatte, wurde mir etwas lebendig und war ein Erlebnis gewesen. Wurde nicht auch Indien erst wahr, nachdem ich ihm hatte sagen können, wie der Mönch an der Pilgerstätte auf unserer langen Fahrt zum Taj Mahal den Vorhang zu seiner Zelle hob, uns hereinliess, die fromme Mala und mich, sagte: «Ich habe euch erwartet, ich wusste, dass ihr in dieser Stunde kommen würdet.» Und dass ich, wie die pilgernde Mala, niederkniete in der Zelle und den kleinen Schrein grüsste. Er hörte genau hin und er verstand, bevor ich alles ausgesprochen hatte. Und die Flüsse, die Flüsse, die ich ihm von den Reisen mitgebracht hatte, sie schwollen an und rauschten, waren Wirklichkeit, nachdem ich ihm von ihnen erzählt hatte, nur ihm: Wie das Frühlicht war am Indus, wie Fischer ihr Boot auf eine Insel hinsteuerten, es aufs sandige Ufer hinaufzogen und dann nacktfüssig und rasch über die Insel eilten. Sie hatten wohl Netze gelegt auf der andern Seite. Wir aber mussten weiter nach Rawalpindi, wir hatten uns zu lange auf dem Markt in Peshawar verweilt. Ich sammle Flüsse und klebe sie ins Album, sagte ich ihm. Ich wollte sagen, alle Flüsse, die ich erlebe, fliessen zu ihm hin.

Da ist die Sache mit der Sprache. Mit welchen Wörtern suche ich ihn? In welcher Sprache erreiche ich ihn, ohne ihn zu stören, ohne ihn zu verletzen? Briefe an ihn waren nie richtig. Die Sätze lügen auch jetzt. Wie kann ich Gebärden einfangen, wie die Gesten zu ihm hin ausdrücken? Seine zu mir? Sobald es geschrieben ist, stimmt es nicht mehr. Ich dachte immer, ich könnte ihm nur deswegen auf so unechte Weise Briefe schreiben, weil nichts Äusseres uns verband, weil wir nichts teilten, das von aussen bemessen wurde, einen Alltag oder eine Konvention. Nie eine Reise.

Und doch habe ich jetzt, nach langer Zeit, zum ersten Mal nicht mehr Angst. Nachdem ich die Mitteilung bekommen hatte, war da zuerst dieser Schmerz. Er tat so weh, er war so körperlich, dass alle Gedanken ausgewischt waren. Es ist wie ein Trost, dass man weggerissen wird und hineingeworfen in den Schmerz.

Man sagte damals, wir müssten dankbar sein, dass er einen so leichten Tod hatte. Das plapperte ich nach. Ich plappere es auch jetzt nach und teile es andern und mir mit. Aber es trifft die Tatsache nicht. Warum hat er sich davongemacht? Von uns weg? Von mir auch?

Da ist diese südliche Aussicht jetzt. Es ist September geworden. Die Aussicht ist begrenzt und deshalb erträglich in ihrem Glanz. Schräg vor meinem Fenster eine Steinterrasse, eingemauert ein Steintisch, eine dichte Lorbeerhecke sperrt ab. Noch sichtbar der Wipfel des Feigenbaumes der unteren Terrasse, Palmzweige, die sich bewegen und leicht im Wind knarren. Ein graues Meer und ein verhangener Himmel gehen ineinander über. Ein Boot, winzig, fern, ein schwarzer Punkt im Verwischten. Zum ersten Mal sehe ich hier Tauben auffliegen, sobald sie sich wegdrehen, leuchten ihre Flügel weiss auf, ein kurzer Sonnenstrahl bewirkt es. Grüsse? Grüsse. Doch, es sind Grüsse. Ich sehe die Tauben zum ersten Mal hier.

Was ist geschehen an jenem Sonntag im August? Er hatte sich doch schon früher davongemacht, sich ins Alter zurückgezogen, in die Krankheit. Ich dachte, es sei Koketterie, ein Mittel, sich Unangenehmes von Leib und Seele zu halten. Er brauchte viel Schutz, und ich bildete mir ein, ich könnte ihn schützen. Aber er wollte sich schützen lassen von seinem Haus, seinem Garten, den Kindern, die so sehr er waren, dass er sie nie entlassen wollte; diejenigen, die er liebte, sollten im Raum bleiben, zwischen Mauern und Wänden, die seine Fürsorge aufgerichtet hatte.

Er schickte mir einmal ein Telegramm nach Tokio. Hatte ich ihn dazu gezwungen? Ich hatte mir Fixpunkte eingerichtet auf der grossen Reise, ihm Adressen hinterlassen, um nicht aus seiner Aufmerksamkeit zu fallen. Er hat die Hoteladressen beachtet, überall fand ich Briefe von ihm. Nach Tokio dann das hinreissende Telegramm, für mich eine Freude, eine selbstverständliche Begleitung aus unserer Beziehung. Hinterher sagte er, das Telegramm sei sehr teuer gewesen. Und er hätte es, englisch verfasst, auf einer Dorfpost aufgegeben. Es war also eine Grosstat gewesen. Ich fragte, ob ich die Taxe bezahlen sollte? Den vierten August aber verzeihe ich ihm nie.

Hätte ich geahnt, dass es unser Abschied war in der Tiefgarage. Dort stand sein Wagen, zwei Stockwerke tiefer. Wir hatten den Abend gemeinsam verbracht, ich brachte ihn mit meinem Auto zu seinem. Das Eisentor hatte sich geöffnet, wir waren in den Hades hineingefahren, da waren seine sorgfältigen Erklärungen, wie wir wieder hinauskommen würden, ich hinter ihm fahrend, wie wir es so oft gemacht hatten. (Er sagte dann immer, wenn ich während der Stadtfahrt den richtigen Abstand halten und ihm exakt folgen konnte: Das ging ja sehr gut.) Bevor er in seinen Wagen hinüberwechselte, küsste er mich, anders als sonst, glaubte ich zu fühlen, aber ich machte es kurz, ablehnend. Wusste er, dass ich immer auf die Zeit hin lebte, wo ich ihn wieder umarmen, ihn streicheln könnte? Manchmal, im Gespräch, auch später immer wieder, stiegen, in zufälligen Sätzen, jene Zärtlichkeiten auf, die aus tiefer Vertrautheit kommen. Aus dieser Vertrautheit und Nähe heraus lebte ich, von ihr, und immer wieder auf sie hin. Sie stellten sich ein, wenn er, von aussen kommend, in meiner Stube sich ausruhte, sobald seine Stimme den Vorlesungston verloren hatte und nicht mehr wie vor ihm herlief, wenn seine Handbewegung jede Steifheit verlor. Tot habe ich seine Hände nicht gesehen. Ich bin froh darüber, denn sie gehörten mir in der Bewegung – und gehörten in jene Zeiten, als er, zur Türe hereintretend, meine Mühe fühlte, kannte, aufnahm, bevor ich sie mir selber eingestanden hatte.

Seit ich es wagte, Papier hervorzuholen, seit ich, zögernd, über ihn und uns schrieb, fürchte ich mich nicht mehr in diesem Haus hier mit seinen unbewohnten Räumen. Ich habe mich in zwei zurückgezogen, wie ein Hund, sie sind mein Reservat und richtig. Richtig, das ist ein Wort von ihm. «Das ist tief richtig», sagte er, wir verstanden uns. Aber vorher hatte er genau hingehört.

Ich weiss, was ihm gefallen würde in diesem Garten; die Ecke hier, wo es über ein Mäuerchen zum untern Teil geht, dorthin, wo der Gärtner sein Reich hat in der kleinen Serre. In jenem Gartenstück sind keine Blumen gepflanzt, es wachsen dort Orangen- und Mandarinenbäume, Wein, ein Feigenbaum und Tomaten. Von dort tauchen die Gärtner auf wie aus einer andern Welt, ich muss einmal hingehen und schauen, ob sie nicht auch Gemüse angepflanzt haben. Der kleine Hund, die Mouette, sitzt dort, und der sizilianische Gärtner isst Brot zu Mittag, ich sah, wie er es in Bissen brach. Er sieht von seinem Platz in der Serre weit hinaus ins Meer, er hat den weitesten Blick.

Als ich es erfuhr, zerschmetterte mich zunächst der Gedanke, dass ich nie mehr einen Brief von ihm im Briefkasten finden würde. Nie mehr die Schrift auf dem weissen Umschlag, es ist nicht wahr, es durfte nicht das letzte Mal gewesen sein. Ich liebte diese Schrift. Sie ist kleiner geworden mit den Jahren, feine Zeichen grosser Empfindsamkeit, Antennen, die sich nicht auszustrecken wagten. Hätte ich den frühen Tod daraus lesen sollen? (Einmal stand er vom Bett auf, sass noch ein wenig da, es war immer das Schönste, dann zu sprechen, leise und nah, und er sagte: «Wenn man älter wird, hat man nichts vor sich als den Tod.»)

Das war mein Zorn. Ich dachte und zwang mich zu denken: Ich habe noch das Leben vor mir. Hätte ich es damals für dich gegeben? Aber ich wollte seines für mich. Seines in meins einplanen. War das ein Vergehen? Ich hielt ihm seine Konventionen vor und seinen Ehrgeiz, innerlich, ohne darüber zu reden. Er hielt mir die meinen vor, irgendwie. Er fand es flatterhaft, wenn ich viel unterwegs war – aber es gehörte doch zu meiner Arbeit, zu meinem Beruf. Er aber sass in seinem Haus, überdachte vieles, schrieb Wesentliches, philosophierte manchmal über die Fahrpläne der andern. Selbst wollte er nicht mehr reisen, höchstens sich auf Inseln zurückziehen, auf Inseln im Mittelmeer. Wie hasste ich diese Sommerinseln; später verachtete ich sie. Einmal aber empfahl er mir für einen Herbst dasselbe Ufer, an dem er Sommerwochen verbracht hatte. Und hinterher, als ich von guten Tagen dort berichtete, schrieb er erfreut: Jetzt warst du am selben Ort wie ich. Das berührte mich sehr. Die einzige gemeinsame Reise, damals, um den Bodensee. Er übernahm die Strasse, die Himmelsrichtung, die Mahlzeiten in richtigen Gaststuben und zur richtigen Zeit. Ich hatte die Zimmerbestellung, per Telefon, zu übernehmen. Zwei Zimmer nahe beieinander. Es war im Ausland. Es war schön. Auf der Rückfahrt, wir lagerten auf irgendeiner Wiese, stand er auf, nachdenklich wie üblich; er sagte: «Es ist richtig so», ich konnte es auslegen, wie ich wollte. Natürlich legte ich es für mich aus.

Einmal sagte er, sein Platz sei draussen, bei den Seinen, so glaube er. Mir schien es auch richtig so, ich hatte ja auch mein eigenes Feld zu bestellen, aber wie konnte unsere Beziehung gelebt werden ohne Ort? Ohne einen Flecken ausserhalb meiner Wohnung; kein Erdreich, um Wurzeln zu fassen. Ich sähe nur meine Schwierigkeiten, sagte er, von seinen sprach er nie. Aber ich ertrug das Alibi nicht mehr, die Mappe, die immer dabei sein musste bei seinem Besuch bei mir, die Mappe für die Flasche Whisky, für ein Manuskript, für ein Buch. Er ging nie ohne diese Mappe in der Hand von mir weg, mit der Mappe bestieg er sein Auto, die Mappe rechtfertigte alles. Mit der Mappe in der Hand pflegte er sich ein wenig zu schütteln, bevor er wegfuhr: glücklich, gehen zu können, unglücklich, wegzumüssen? Wenn ich es gewusst hätte! Ach, warum sagte er ausserhalb meiner Wohnung nie, dass wir befreundet seien? Vor den andern galt, dass wir uns seit jungen Jahren kennen; aus Kindertagen, sagte ich spöttisch und hoffte, einmal, vor andern, von ihm den Satz zu hören: Wir sind befreundet. Nach Jahren bat ich ihn, nicht mehr zu kommen. Er war traurig, aber er reagierte nicht. Die Reaktion, irgendeine, auch eine zornige, hätte ich mir gewünscht. So war es also wieder ich, die gegen unsere Begegnung war.

Mit der Zeit gehörte ich auch nicht mehr zu der Schar, die ihn als den grossen Mann bewunderte, ihm gläubig anhing, ihm unbedingte Knappentreue bewies. Sie machten es ihm leicht, den Patriarchen zu spielen, sich auf jene Rolle zurückzuziehen. Doch ich kannte seine Verletzlichkeit, der er sich nicht mehr aussetzte. Die Freundschaft blieb. Sie trug mich durch einsamere Jahre. Einmal traf mich seine Einsamkeit, sie machte meine ertragbar. Wir hatten uns an einem Fest getroffen und uns fremd gegrüsst. Ich sass neben einem seiner Freunde und redete laut, tat heiter, um nicht weinen zu müssen. Denn er sass genau am Tisch hinter mir, Rücken gegen Rücken. Warum drehte ich mich nicht um und sagte: «Georg, du bist hier, endlich, wie habe ich darauf gewartet, dich zu sehen!» Ich wusste genau, dass er, mehr als auf die Gespräche, auf den Fluss hörte, der nahe der Gaststätte gross und ruhig dahinfloss. Nachher schrieb er mir, er sei nach dem Fest durch den Regenwald nach Hause gefahren, tieftraurig. Wir haben uns nie verloren.

Ich hatte ihn in diesem Sommer, gegen Ende des Semesters, nach seinen Vorlesungen gefragt, die ich, ganz früher, fleissig besucht hatte. Ich wollte ihn wieder einmal hören, es einrichten, mir die Zeit nehmen und den steilen Weg hinaufsteigen, um fünf Uhr in der Hochschule sein, an der er lehrte. Er hatte mir die Nummer des Saales genannt und den Weg dorthin in seiner genauen Art beschrieben. Denn da waren Umbauten im Tun, Neues war eingerichtet worden, die Gänge führten die Besucher in andere Richtungen als früher; ein neues Amphitheater, Quergänge durch Umbauten. Ich war frühzeitig im grossen Gebäude und nicht atemlos, und ich fand, nach seinen Anweisungen, den Ort sicher und leicht. Alles stimmte genau, das Stockwerk, die Nummer des Saales, es war zehn Minuten nach fünf. Aber kein Mensch war zu sehen, der Saal leer, kein Anschlag wegen einer Verschiebung. Was war los? Sein Ruhm versiegt? Keine Zuhörer mehr? Wird er nicht bald auftauchen? Es dauerte, bis ich merkte, dass ich einen Tag zu früh gekommen war, ich hatte mich im Wochentag geirrt. So wollte ich denn am nächsten, dem richtigen Nachmittag wiederkommen; ich war dann auch unterwegs, in der Stadt, wollte die Strasse den Berg hinauf einschlagen, aber es ging nicht. Entsetzliches Kopfweh hatte mich befallen. Ich erzählte es ihm hinterher, er meinte, so dringlich sei es ja wohl nicht, zu kommen. Es ist dann seine letzte Vorlesung gewesen.

Jetzt gehe ich wieder die alten Wege. Durch die Stadt. Jede Hoffnung, ihn zu finden oder ihn zufällig anzutreffen, hat sich für immer zerschlagen. Ich lebte ja oft auf winzige Zufälle hin, unerwartet und irgendwo auf ihn zu stossen. Und wenn ich ein neues Kleid anzog, dachte ich, werde ich ihm gefallen? Eines nannte er Sternenkleid. Wenn ich ihn aber fragte, ob ich ihm gefalle, sagte er, das weisst du doch, oder, dieses Kleid wärmt dich.

Ist es nun anders, seit ich über ihn rede, seit E. mit mir über ihn redete? Denn auch sie ist unsicher und will fragen. Auch sie will Georg umkreisen, um ihn zu verstehen. Vielleicht kann ich ihr helfen, indem ich alles verschweige und sehr vieles sage? Sie habe sich gefragt, ob vielleicht ich die richtige Frau für ihn gewesen wäre, nicht sie? Was für eine loyale Bemerkung, die mich beschenkt, die mir den Raum lässt für die Beziehung zu diesem Mann, eine Rechtfertigung, damit sie im Nachhinein leben darf. Ich kann energisch nein sagen – und damit trösten; sie und mich? Einmal, vielleicht, wird alles lange her sein.

Da war, kurz vor seiner schweren Krankheit, im Juli, unser letzter Abend gewesen, den ich nun zu verstehen versuche und vielleicht, nach Jahren, auch annehmen werde. Ein etwas ungeduldiges Telefongespräch, ich, mitten in der Arbeit, umgeben von aufgezwungener Tüchtigkeit, er sagte, er fühle sich nicht wohl, die Abreise in die Ferien sei verschoben. Ich, weitschweifig, entschuldigte mich, dass ich die Vorlesung verpasst hätte, was er milde kommentierte: Ich benähme mich, wie wenn ich eine Stelle bei ihm zu suchen hätte, und dann: Du hast sie ja. Ich warf diese letzte Erklärung ungeduldig in die Telefongabel zurück. Da war diese Abmachung für einen Abend, zum Abendessen, wie üblich, draussen, wenn möglich. Er hole mich von der Arbeit ab. Dann aber, an jenem Tag, ein ungewohnter Anruf, er käme, entgegen unserer Abmachung, mit der Strassenbahn, um mich im Büro abzuholen, ob ich zufällig mein Auto bei mir habe? Erklärung, warum er seines in der Schulgarage oben lasse, folge später. Er kam langsam über die Strasse zu mir. Wir mussten aber meinen Wagen erst holen, in eine Tiefgarage hinuntersteigen. Betonwände, Betontreppen, Stufe um Stufe, hinunter, in den Schlund. Wie oft hatte ich mich bei diesem unübersichtlichen Eingang, in der Dämmerung oder nachts, geängstigt, hatte mich misstrauisch und schnell bewegt, wenn unbekannte Gestalten auftauchten. So, sagte er, Schritt um Schritt, so, und dort steht schon dein Wagen. Und als ich hinausfuhr, Kurve um Kurve, und die Einbiegung kannte und die Strasse fand: Wie gut du das machst. Später, am Tisch, beim Essen sagte er: Du wirst es nicht glauben, aber ich hatte Angst, durch die Stadt zu fahren, Angst, die Strasse, das Haus, wo du arbeitest, nicht zu finden. Ich erkannte die Zeichen nicht, ich schüttelte sie ab, wie hätte ich eine solche Wahrheit annehmen können? Hinterher bist du es, der mich schützte, an jenem letzten Abend, als wir zweimal in die Tiefe stiegen. Die letzte Höllenfahrt hat er, in seiner Art, begleitend mit genauen Worten erklärt, wie ich hinabzutauchen hätte, wie viele Kehren, um sein Auto zu finden, in das er dann einstig, nachdem er mich gelobt hatte für die sorgfältige Fahrt.

Es ist wie die Hölle, sagte ich im schwachen Licht, ich habe Angst in diesen Tiefen, in Beton eingemauert. Und wenn der Motor nicht anspringt? Es ist ja alles gut, so hat er getröstet. Habe ich dir nicht alles erklärt? Es verlief, wie er voraussagte. Wo das Licht war, wie die steilen Kurven hinauf zu nehmen seien, die letzte Wendung, der Schlüssel, der das Tor aus dem Hades öffnete, uns hinausliess, dicht an dicht; die Vorsorge war so weit getroffen, dass ich gewusst hätte, was zu tun wäre, sollte sich unerwarteterweise das Tor schliessen nach seiner Durchfahrt; der Schlüssel wäre dann unnötig, ich müsste nur auf den Knopf drücken, oben, beim Tor. Er hat angeordnet, was er konnte. Alle Vorsorge getroffen. Der Feuerlöscher in der Ecke. Es ist so, wie wenn mir seit seiner Begleitung in entsetzliche Betonkeller und wieder aus ihnen heraus alles leichter zufallen würde.

Der Hölle entflohen, draussen in der milden Nacht, winkten wir uns mit der Hand adieu.

EINBRUCH IN DEN JUNI

I

Die Stelle eine ganz gewöhnliche Stelle. Eine Strasse, ein schmales Trottoir, auf beiden Seiten Vorgärten, rechtwinklig ein Steig, der hinunterführt zur Strassenbahn. Den wollte ich aber nicht einschlagen damals am heiteren und bis zu dem Augenblick so schwerelosen vierten Juni.

Dem Steig gegenüber, genau dort, wo das Trottoir ans Grasland grenzt – so jedenfalls erinnerte ich mich, das war aber ungenau, wie ich später bei einer ersten Besichtigung feststellte –, dort hatte der lange Bursche gestanden mit seiner dummen Schirmmütze auf dem Kopf, hatte irgendetwas gemurmelt, Handzeichen gemacht die Strasse hinauf, auf der ich ihm entgegenging. Wahrscheinlich hatte mir der weiss gekleidete, hellhaarige Jüngling eher missfallen, deshalb hatte ich die Füsse fester gesetzt als vorher in dem mir tanzenden sonnigen Nachmittag, hatte auch den Riemen meines Rucksacks mit beiden Händen gefasst und wechselte nicht aufs Trottoir, wie man das üblicherweise an dieser Stelle tut, sondern schritt auf der Strasse an ihm vorbei, gestreckten Halses, und bog erst zehn Meter weiter unten aufs Trottoir ein. Kein Laut war zu hören im stillen Nachmittag.

Plötzlich ein Ruck am Schulterriemen, blitzartig der Gedanke: «Jetzt ist es passiert!», und dann nichts mehr, keine Erinnerung, nur Schwärze, nein, nicht einmal diese Farbe, nur totale Leere.

Eine Schockamnesie, so wird der Facharzt, Wochen später, diesen Zustand des Erinnerungsausfalles nennen und hinzufügen, dass dieser – für mich die Hölle des Vergessens – von gutgelaunten, hochgestimmten Personen heftiger empfunden werde als von Personen, die misstrauisch ihres Weges gehen, Feindschaft erwartend, auf Kampf eingestellt wie zu Kriegszeiten. Und diese Spaziergängerin, ich, sei so tief gefallen, so der

Facharzt, weil mich an diesem Nachmittag, das hätte ich in meinem Bericht geschrieben, freudige Pläne bewegt hätten.

Die Wahrnehmung jedoch, dass es an diesem sonnigen Juninachmittag auch um einen Absturz der Seele ging, nicht nur um einen dummen Taschenraub, die wird sich erst später einstellen. Nach Monaten erst werde ich sagen können, es war alles ganz anders. Ganz anders, als ich bisher erzählt habe. Ich konnte es vorher nicht sagen, wie es wirklich war, weil ich es ja selber nicht wusste und weil allen meine muntere Schilderung des Raubüberfalles genügte. Es änderte sich erst, als ich, da war es schon Herbst geworden, Anfang Oktober, ein zweites Mal die unglückselige Stelle auf dieser Strasse, neben diesem Steig besichtigen wollte, liebevoll begleitet von D., die teilnehmend eine Frage um die andere stellte und dann genau hinhörte und nachfragte und ganz nahe an meiner Seite mich Schritt um Schritt wiederholen liess, wie es gewesen sein musste. So wurde die banale Stelle des hinterhältigen Raubes und der Niedertracht zum endlich eingestandenen Ort des Schmerzes, der tiefgreifenden Veränderungen.

Zurück zur ersten Besichtigung! Sie zeigte eine lächerliche Seite. Hatte ich vielleicht, nach den langen Spitalwochen, hier etwas Heroisches erwartet? Wenigstens eine Blume zum Gedenken an einen Überfall? Ein Kreuz war nicht zu erwarten, ich war ja nicht tot, aber ich hielt wohl Ausschau nach irgendeinem Zeichen der Anteilnahme. Da stand ich auf schwachen Beinen, den schmerzenden Arm in der Schlinge, war von einer Freundin im Auto aus der Klinik hierher gebracht worden, weil ich es mir gewünscht hatte, den Überfall zu rekonstruieren. Es war nicht sonnig wie damals Anfang Juni, es war später am Nachmittag und fing an zu dämmern. Kein Mensch auf der Strasse, die Fenster teilnahmslos geschlossen wie damals, als es geschah. So eine banale, eine unbekümmerte Stelle! Aber ich wollte hier wiederholen, wie eins ums andere vor sich gegangen war, nachdem ich durch das Aufprallen auf den Asphalt wieder zu Bewusstsein gekommen war.

Was für eine gewöhnliche Geschichte, diese Geschichte eines Handtaschenraubes, eines hinterhältigen, wie er in unsern Zeiten täglich und überall mehrfach vorkommt. Und wenn ich sie in meiner Umgebung immer wieder ausführlich erzählte, sobald ich danach gefragt wurde, endete jedes Interesse der Fragenden in der Feststellung: Das könnte, heute oder morgen, auch mir passieren. Und hatte ich mir nicht selber Entreissdiebstahlgeschichten angehört, sonst wäre mir beim Ruck am Riemen meines Rucksacks nicht eingefallen zu denken «Jetzt ist es passiert», allerdings ohne zu wissen, was «es» bedeutet, was mein «es» sein würde.

Also wie damals, das Banale der Vorgärten in einem Aussenquartier der Stadt, geschlossene Fenster, wie blind, wohnt hier niemand? Kein Hund bellt, die Katzen scheinen zu schlafen, Kinder abwesend, die Spaziergänger haben sich verzogen. Die Stelle, wo ich wieder zu mir kam durch das Aufprallen auf den Asphalt, ist leicht auszumachen, sie ist in der Mitte der Abzweigung zum Steig. Ich prüfe nach, ja, so war die Sicht auf den enger werdenden Steig, von dort, wo ich verletzt lag, die Geländer links und rechts; und vor mir, davoneilend, aber nicht rennend, der Bursche mit meinem Rucksack in der linken Hand. Auf diesen sich entfernenden Sack mit allem drin richtet sich meine Wut, er bewegt sich leicht, als mein Schrei *Du Souhund, du* das Ohr des Burschen erreicht, der ihn davonträgt. Irgendetwas ist kaputt an mir, Schmerzen kommen erst später, das weiss ich, also aufstehen, solang es noch geht, die Beine scheinen in Ordnung, ich merke, dass meine linke Hand den rechten Arm trägt, aber nichts ist dringender, als wieder zu meinen Sachen zu kommen in meinem Sack, zu Hausschlüssel, Agenden, Adressbuch, Ausweisen, Kreditkarten, Portemonnaie. Dummerweise heute alles in einen einzigen Sack gesteckt, sonst auf dem Leib verteilt in verschiedene Taschen, aber heute, in dieser freundlichen Gegend? Jetzt aber automatisch los, hinunter, ins Zentrum des Quartiers, den Räuber kann ich nicht einholen, aber vielleicht findet sich ein Polizeiposten? Auch später, beim zweiten Arzt – die erste Arztpraxis, die ich hilfesuchend fand, hatte mich weitergewiesen, da ohne Röntgenapparat – war meine Hauptsorge, dass ich nichts als ein Taschentuch auf mir hatte. Ist man noch ein Mensch, eine Bürgerin dieser Stadt, so ohne Ausweis? Ohne Telefonnummer seiner Nächsten, die helfen könnten, einem beistünden? Und wie bezahlen? Der Sohn war schliesslich erreichbar, kam, handelte, tat, wusste, was tun. Nachdem er mich auf die Notfallstation gebracht und ärztlich versorgt sah, erstattete er Anzeige, sperrte Kreditkarten, schützte meine Wohnung. Mich plagten nur noch, aber das war am nächsten Tag, die Absagen eingegangener Verpflichtungen. Was wars gewesen? Und wo? Und wie hiess die Person, der, in nützlicher Frist, mein Ausfall gemeldet werden musste?

Als ich nach qualvoll ungewissen Stunden, spät in der Nacht, mich im Wachsaal der Notfallstation wiederfand, war jedes Planen und Organisierenmüssen von mir gefallen, im Bett links neben mir stöhnte eine Kranke, im Bett rechts neben mir reklamierte eine andere Kranke, alle paar Minuten trat jemand mit einer Taschenlampe zu mir, eine Stimme fragte, wie es mir gehe, eine Hand rückte etwas zurecht; ich war aufgehoben, nichts mehr konnte passieren, ein Glückzustand der Geborgenheit.

Dann, auf der Bettenstation, Tage und Nächte verbringen von einer halben Stunde zur andern, von Schmerzmittel zu Schmerzmittel, in totaler Abhängigkeit von jedem Wort, das man zu mir sagte, von jeder Handreichung, die hilfreich war oder danebenging. Erst hinterher merkte ich, dass, in der Hektik des Spitalbetriebes, die so notwendigen Informationen über meinen Zustand zu spärlich oder gar nie bis zu mir kamen, und ich rechnete es mir als Schwäche an, dass ich immer weniger tun konnte, was man von mir verlangte: mich auf die Seite drehen, aufstehen und waschen, essen sollte ich auch und viel Tee trinken. Haltloses Weinen bei einem lauten Wort, die Unmöglichkeit, selber Fragen zu stellen. Was ein Leben lang meine Tage erfüllt hatte, lesen, schreiben, das alles ging mich nichts mehr an. Als ich später zum Packen für den Aufenthalt in einer Therapieklinik, begleitet von zwei Freundinnen, die geschickt hantierten, für eine Stunde zu Hause war, sah ich das in die Maschine eingespannte Blatt mit dem angefangenen Text, daneben ein aufgeschlagenes Buch – doch nichts gehörte mehr zu mir. Wohin hast du dich entfernt? Nicht einmal diese Frage stellte ich mir mehr, alles Frühere war fremd geworden.

Auch die Kommentare und die Ratschläge der Gutmeinenden am Krankenbett und später in der Therapieklinik erreichten mich nicht. Nacht für Nacht, in den Träumen, Diebe, die ins Zimmer eindrangen, im Dunkeln scharenweise neben dem Bett hockten.

Hast ja noch Glück gehabt, sagten die Freunde. Weisst du damals, die X., die ist daran gestorben. Oder, auch als Trost: Du machst das elegant, man sieht dir nichts an. Vergiss es. Hast schon das meiste überwunden. Distanz nehmen ist die Hauptsache.

Ich wusste nicht einmal, was zu überwinden war. Gab mir Mühe. Liess mir auch sagen, dass die aus dem Bewusstsein verjagten Sekunden, mit denen ich mich manchmal beschäftigte – hatte ich mich gewehrt? Wollte ich den Rucksack nicht hergeben? In welchem Augenblick war der Räuber gewalttätig geworden, und wann war es gelungen, mich niederzuhauen? –, nie mehr zurückkämen, auch wenn jemand die Szene gefilmt hätte und sie mir jetzt vorführte. Allmählich belästigen mich die verloren gegangenen Sekunden weniger, auch der miese Kerl verlor an Bedeutung, ich konnte ihn stehen lassen am Laternenpfahl, den ich bei meiner zweiten Besichtigung als seinen Standort wiedererkannte.

Zu Hause dann funktionierte ich zunächst, schrieb, tat, unternahm. Fiel erst allmählich in eine immer tiefere Erschöpfung und in eine Teilnahmslosigkeit mir gegenüber. Die Mahlzeiten wurden schal, die Füsse verloren den Kontakt mit dem Boden, ich ging wie über Schaumgummimatten. Was war los?

11

Noch einmal dorthin gehen, wo es geschah? Das «es» mit der unheilvollen Auswirkung? An die geraubten Gegenstände dachte ich schon lange nicht mehr, hatte sie sogar vergessen, konnte sie nicht mehr aufzählen, die Schlüssel fürs Haus, in dem ich wohnte, waren ausgewechselt, die Rechnung war von der Versicherung bezahlt worden.

D., die nahe am Ort des Überfalls wohnt, sagte, ich begleite dich gern, aber vorher essen wir bei mir zu Hause im Garten, weils noch so schön und warm ist. Selbstverständlich wirst du abgeholt, mit dem Auto, und ich werde dich wieder nach Hause bringen. Der Tisch stand gedeckt im Garten hinter dem grossen Haus, gute Speisen wurden aufgetragen, und wir plauderten über dieses und jenes. Weiter vorn im Garten wurde am grossen Wohnhaus gearbeitet in dieser Mittagsstunde, das Dach wurde neu gezogen, mit Ziegeln bedeckt, jetzt tauchte an der Fassade ein Kopf auf, ein Arbeiter bohrte ein Loch in einen Fensterrahmen, hie und da ein Hammerschlag; ein lebendiger Arbeitstag also, und H., Bauherr und Architekt in einem, berichtete, da ich danach fragte, gern aus der Geschichte des dreihundertjährigen Bauernhauses, in dem er aufgewachsen war, das immer seiner Familie gehört hatte und das er nun, am Ende seiner beruflichen Laufbahn, für die nächste Generation, seine vier Söhne, restauriere, aus kleinen Stuben grosse Räume mache, ohne etwas an Holzpfeilern und Gebälk zu ändern, darauf achte, dass das Licht richtig einfalle und dass Räume zum Wohnen, Werkstätten und Ateliers harmonisch nebeneinander existieren könnten.

Gehen wir, schlug nun D. vor, und als wir aus dem Garten auf die Strasse traten: Soll ich dir den Arm geben?

Die Frau merkte plötzlich, dass sie schwer und hastig atmete. Die Geschichte des Hauses hatte sie verwirrt. Das Unbehagen in ihr, seit dem vierten Juni, so fiel es ihr jetzt ein, hatte etwas mit dieser Geschichte eines Hauses zu tun. Zwar hatte sie nie eines besessen, aber hatte sie nicht kontinuierlich an irgendetwas gebaut, gerüstet, hantiert, es gepflegt, dass es weiterginge und sie überdaure? An etwas, das mit Früherem verbunden war? Der Einbruch in den Juni hatte die Kontinuität, die das Leben wie ein stiller Strom begleitet, jäh unterbrochen. Es gab nichts mehr, was vor ihr lag, und die Erinnerung war unsicher geworden.

Die freundliche Aufmerksamkeit der D. neben sich – sie wird die ganze Zeit der Besichtigung, der wir die Nr. 11 geben, keinen Augenblick von ihr weichen – gibt der Frau die Möglichkeit, den Überfall anders durchzuleben. Die Stelle, wo sie auf den Boden geworfen wurde – jetzt erst entdeckt sie hier die Tafel «Parkverbot beidseitig» – spielt keine grosse Rolle mehr, sie weiss es ja jetzt, es war eben so, und es war passiert. Weiter, geh weiter. Das will, liebevoll aber dringlich, auch D. Du bist also aufgestanden, trotz Verletzung, und niemand half? War ja keiner da, sagt die Frau ruppig, und ich wollte den Dieb strafen, aus Wut. Jetzt gehen wir aber zusammen hinunter, bis zur Hauptstrasse, komm. So D. Schritt um Schritt, Fuss vor Fuss, die Frau wundert sich und hat keine Erinnerung, dass es mühsam gewesen war. Den Besuch in der Arztpraxis erzählst du mir jetzt genau, D. lässt nicht locker. Die paar Stufen hinauf, das siehst du ja, liebe D. Die grüne Türe fährt direkt ins Wartezimmer, da standen Leute. Jetzt redet die Frau rasch, diese Szene scheint für sie von grösster Bedeutung. Sie sagt, sie sei, den rechten Arm in der linken Hand tragend – und ohne Schmerzen, ganz ohne Schmerzen, so behauptet sie –, auf den Empfangstisch hinten im Warteraum zugegangen, drei oder vier Leute sassen auf Stühlen, rechts von ihr. Der Frau schienen sie dunkle Gestalten zu sein, und es war doch heller Nachmittag draussen. Aber diese drei oder vier Menschen reagierten auf den Satz, den sie sagte, sie schlossen sich auf irgendeine stumme Weise ihr an, ihre Gegenwart war ein Schutz für die Frau, der einzige, der ihr am unglückseligen Nachmittag geboten wurde. So empfindet sie es hinterher. So empfand sie es in ihrem Rücken, an ihrer Seite, als sie der jungen Frau am Empfangstisch sagte: Leider bin ich nicht angemeldet, aber ich glaube, ich brauche dringend ärztliche Hilfe, ich wurde soeben überfallen. Das Wort «Überfallen» löste unter den Wartenden eine Reaktion aus, wie gesagt, eine wohltuende Anteilnahme am peinlichen Erlebnis.

Oh, ihr Arm, so stellte die Empfangsdame fest, aber den muss man röntgen, und wir haben keinen Röntgenapparat, Sie müssen zu Dr. H.

Die Frau antwortete brav: Ja, aber ich weiss nicht, wo Dr. H. ist, ich bin nicht von hier.

Nicht weit, erklärte die junge Dame, die grosse Strasse überqueren, dann links halten, geradeaus die Strasse und um den Block, dort ist er. Ich rufe ihn an. Geht es?, fügte sie noch hinzu. Die Frau dachte bei sich, ja, wenn sie es sagt, mir zutraut, das werde ich schon können. Also los.

D. fragt: Und du gingst, allein? Hattest keine Hilfe? Jetzt werden wir sehen, wie lange wir brauchen, bis wir bei Dr. H. sind.

Ich fühlte überhaupt keine Schmerzen, erklärt die Frau. Aber jetzt, wo der Arm fast heil ist, nachdem sie sich wochenlang hat erholen können an einem bequemen Ort, warum bringt sie es kaum zustande, mit D. den Weg von sechs oder sieben Minuten zu schaffen? Jeder Schritt ist qualvoll, jeder neue wird noch quälender. Sie erinnert sich nicht mehr, was links und rechts des Weges bis zu Dr. H. sich befand. Um den Block herum schafft sie es kaum mehr, das war das Entsetzlichste, gesteht sie der sie begleitenden D., jetzt, hier um die Ecke, in den Hof, noch einmal um die Ecke und ob die richtige Türe zu finden ist zu dem Röntgenapparat, der ihr als Erstes empfohlen wurde? Sie wurde dann überwältigt von Übelkeit, aber der Arzt sprach von grossen Schmerzen, die verhinderten, dass sie die Spritze, die er ihr sofort gab, überhaupt spürte. Jetzt war sie nicht mehr so grauenerregend allein, der Arzt würde ihr auch helfen, in die Notfallstation zu kommen, mehr könne er nicht für sie tun, entschuldigt er sich. Die Frau erinnert sich gern an die Worte, passend zu ihrem Unglück.

Der kaum zu bewältigende Weg von der ersten Praxis zum freundlichen Röntgenarzt bleibt in ihr als die grösste Katastrophe ihres Lebens haften, wird sie niemals mehr verlassen, zeigt ihr eine bisher nie erfahrene Hilflosigkeit, ein Ausgeliefertsein extremster Art. Man hatte etwas von ihr verlangt, das sie nicht leisten konnte und das sie in einen tiefen Abgrund hatte sinken lassen. Etwas in ihr war getötet worden, für immer. Hatte sie ihre Seele verloren auf diesem Weg?

Hätten ihre Beine sie doch nicht getragen, wäre sie doch umgesunken, hätte sie doch geschluchzt und um Hilfe gerufen! Wie unverzeihlich, wie ein Automat reagiert zu haben. Aber sie konnte sich selber doch nicht sagen, nun, sitz zuerst ab, fasse dich, dann werden wir sehen, was zu machen ist.

Kann sich die eigene Seele wegen Misshandlung rächen, indem sie davonläuft?

Die Frau merkte es nicht, nicht während der Tage im Spital, während des Wartens auf eine Operation oder keine Operation.

Eine Zuflucht dann die Therapieklinik mit allen Möglichkeiten, wieder gesund zu werden. Und sie dachte damals, sobald die gebrochenen Knochen zusammengewachsen wären, die Schmerzen nachlassen würden, wäre alles vorbei, ein Weiterleben möglich. Ihr Elend hat sie sich nicht zugeben können, bis zum unerträglich schweren Gang mit D.

Sie war ja auch in der Klinik, beim Aufnahmegespräch in die vornehme Klinik, zurückgewiesen, abgelehnt worden vom Spezialisten, der wusste, wie weit die Kompetenz des Arztes reicht, der seine Lehrbücher gut studiert hat, Fälle richtig diagnostiziert, aber den Patienten nicht dreinreden lässt. Herr Dr. A. wusste, was Sache ist.

Als die Frau, ja, die alte Frau, zur Untersuchung kam und sofort feststellte, dass das Röntgenbild ihres kaputten rechten Oberarmes – mit Muskelabriss – an der Leuchtwand hing, der Bericht der chirurgischen Abteilung, die sie hierher überwiesen hatte, auf dem Tisch des Arztes lag, fühlte sie sich ernst genommen und aufgehoben. Dr. A. begrüsste die Frau freundlich, führte sie zum Sessel, äusserte: Aha, umgefallen. Das war das Stichwort. Eher umgefallen worden; und sie wollte, zugegeben ausholend, weit ausholend, berichten, was ihr passiert war. Das war zu viel für dieses Aufnahmegespräch, an diesem Freitagnachmittag, an dem er, Dr. A., Dienst hatte, er unterbrach: Kommen wir doch bitte zur Sache.

Da wars noch einmal, die Abweisung, das Besserwissen, das Zurückgestossenwerden. Was heisst schon ein Schock, hier geht es um einen lädierten Körperteil, werden wir schon in den Griff kriegen.

Inzwischen lernt die Frau, dass es gut ist zu erfahren: Nie mehr wirst du alles im Griff haben. Werden auf diese Weise Abschiede ertragbar? Aber wie verheilt die Wunde eines Einbruchs von Gewalt? Und wird das Gefühl äusserster Verlassenheit je verschwinden, wenn man in grosser Not abgelehnt wurde?

DER TOD

Soll ich dich rufen
muss ich dich grüssen?
Zu oft nahmst du Liebstes mir weg,
löschtest aus,
und jetzt willst du mich?
Muss ich dich loben
weil ich alt und allein geh?

Vollendet ist es nie, unser Leben,
nur grausam,
ein Zufall, von dem niemand weiss
wohin es zurückfällt.
Ins Nichts.

Wenns dann soweit,
komm, wenn ich müde,
sei schwesterlich, nicht fremd,
führ mich mit Abschied
der ertragbar.
Kenn mich ein bisschen, ich bitte,
sei Schwester zu mir.

O Tod, Schwester, komm.

WEGGEHEN EHE DAS MEER ZUFRIERT

Was bleibt mir, am Ende des Lebens, anderes zu tun, als von meinen Erfahrungen zu reden? Du selbst bist doch eine Meisterin im Hinsehen, Marianne, du weichst nicht aus, also begleite mich auch diesmal. Ich will erzählen, warum ich nach Warschau fuhr, warum, Jahrzehnte später, nach Auschwitz, an den Ort unserer Scham, an den Ort, dem wir nicht ausweichen dürfen, so lange wir leben. Und ich muss auch darüber berichten, damit Auschwitz nicht ein Museum bleibt, dem Touristenprogramm vorbehalten. Auschwitz, ein Ort zum Hingehen, ob ertragbar oder nicht ertragbar.

Im Grunde ist die Königin, über die ich nachdenken will, selber schuld daran, dass ich, bevor ich mich wieder ihr zuwende, über zwei Reisen berichte.

Denn es fängt merkwürdigerweise auch für W. alles an im nordischen Land, im Gebiet dieser Königin Christina, die es früher glanzvoll beherrschte, dann aber weglief, davonritt, auf einem Schiff übersetzte auf den Kontinent. Zu höheren Zwecken, zu geistigen Zielen, wie wir zu verstehen versuchen; weil sie genug davon hatte, für die Goten, die Wenden, die Schweden zu regieren; aber den Titel als deren Königin mitnahm und ihn trug in Rom bis an ihr Lebensende.

W. ist aus Übermut nach Schweden geraten. Sie will, leichtfüssig, den nördlichen Polarkreis überhüpfen. Sie kommt denn auch bis dorthin, auf Skiern, die lappländischen Weiten gefallen ihr besser als der stotzige Alpenkranz und die Universitäten, die sie ungeschickt abgehockt und wo sie nichts fürs Leben gelernt hat. Und sie sieht ihren ersten Elch, der einsam aus Norwegen in schwedisches Gebiet gerät. Das grosse Tier mit mächtigem Geweih bezaubert sie, weil es so elegant über den Schnee schreitet.

Aber unbeschwert geschieht von da an nichts mehr. Da ist das gesättigte Land, das ans heimatliche erinnert, doch in der Wohnung der jungen Frau neue Gesichter, andere Geschichten.

Menschen, die keine gültigen Reisepässe besitzen, Menschen ohne Papiere oder mit gefälschten, Menschen, die ihre Herkunft verloren haben, Angehörige zurückliessen in deutschen und in sowjetischen Gefängnissen – von Vernichtungslagern ist noch nicht die Rede –, Menschen, die fürchten, ein Krieg werde bald ausbrechen, die Grenzen seien dann endgültig geschlossen und alle Hoffnungen auf eine Flucht in grössere Sicherheit würden sich endgültig zerschlagen. Einer darunter, der einen neuen Namen angenommen hat, weil seine frühere kommunistische Tätigkeit in Hamburg ihm schadet, scheint W. der gescheiteste unter den im Norden Gestrandeten. Er spricht wenig, er redet nicht mit der jungen naiven W. Doch am ersten September 1939 erkennt sie seine Stimme am Telefon, die sagt nur drei Worte: Bomber über Warschau, und diese drei Worte bringen in den kleinen Vorraum der kleinen Wohnung der W. an diesem Morgen das Entsetzen des Krieges, zerstörte Städte, Vernichtung; wird sie diejenigen, die in der Welt weit weg wohnen und die sie liebt, wiedersehen? Was ist zu tun in den nächsten Tagen und den kommenden Stunden?

Es wird anders. Der Alltag fordert. Keine grossen Entscheidungen. Kriegsberichte werden erschrocken kommentiert. Der für eine eventuelle Evakuation gepackte Rucksack steht in einer Ecke, die dicken Winterschuhe sind bereit. Die Freunde mit ihren ungenügenden oder falschen Papieren müssen sich wöchentlich zweimal bei der Polizei melden, die Fremden mit dem ordentlichen Reisepass tragen ihn immer auf sich, sie dürfen sich nur noch eine beschränkte Anzahl Kilometer von der Hauptstadt entfernen. Doch in das Zusammensein mit den lebhaft diskutierenden Besuchern ist das Misstrauen eingedrungen. Hat Z. eine Einladung zu Kammermusik in den Räumen der deutschen Botschaft angenommen? Beethoven bleibt Beethoven, sagt Z. Ist Berthold nicht ein jüdischer Vorname, warum sagt Berthold nicht, dass er Jude ist? Irene, die aus Sibirien in die schwedische Hauptstadt gekommen ist, erzählt stockend, dass Stalin sie verjagte, weil sie einen Trotzkisten geheiratet hatte, dass, wegen dieses Vergehens, ihre Mutter, ihre Schwester ins Gefängnis kamen. Ob sie noch leben? W. ist verwirrt, verstört, sie klopft zwei rationierte Eier heftig zu einer Omelette für zehn Personen, sie lernt Sprachen. Was nützt es? Dänemark ist von den Deutschen besetzt. Und Oslo erwacht eines Morgens, deutsche Uniformen in seinen Strassen. Es ist der 9. April 1940, W. sieht in der vorhergehenden Nacht zum ersten Mal das Nordlicht, es flammt als gewaltiges Feuerwerk über die nördliche Himmelshälfte. Grössere Angst tritt in den kleinen Kreis, alle Fluchtwege sind nun gesperrt. Da kommt eine Aufforderung aus der Schweiz – W. wird erst später einsehen, dass diese lebensrettend ist –, der helle Kopf des Arthur Frey, eines Redaktors und Verlegers, fragt nach Dokumenten des Widerstandes gegen die Besatzungsarmee in Norwegen, W. soll sie ausfindig machen, übersetzen, später herausgeben.

Es sind die Kanzelverkündigungen und Hirtenbriefe des Bischofs Berggrav in Tromsö und anderer Bischöfe, es sind Fragen an den Kirchenminister Skancke und an den Ministerpräsidenten Quisling in Oslo, es sind Proteste gegen die Judenverfolgung 1942, wegen der Zwangseinberufung norwegischer Arbeitskräfte 1943, es ist, schon 1942, ein Bekenntnis zur Kirche zusammen mit der Amtsniederlegung norwegischer Pfarrer. Die lutherische Kirche Norwegens diskutiert grundsätzlich den Gehorsam gegenüber der weltlichen und der göttlichen Macht und zieht ihre Konsequenzen.

Damals weiss W. noch nichts von Königin Christina, die schon als kleines Kind den Widerstand gegen die Lehren ihrer lutherischen Kirche probte, einsah, dass sie zu überprüfen wären, dass die Kirche selbst sie immer wieder zu überprüfen hat. Für W., die unversehrt, geschützt durchkommt durch diesen Zweiten Weltkrieg, aber verändert wird für immer, tun sich Möglichkeiten auf: Widerstandsschriften übersetzen, kluge Texte entdecken, selber Formulierungen finden für Flugblätter, ist das nicht eine Form des Sichwehrens? Worte gegen Panzer, eine irrsinnige Hoffnung im Chaos?

W. probiert es. Probiert unsicher, aber überzeugt.

Aber alle Worte werden ihr später zerschlagen, als sie ein Jahr nach Friedensschluss, im Sommer 1946, in die Zerstörung Polens fährt. Hinterher sieht alles wie ein innerer Plan aus, wie wenn ihre Reisen folgerichtig erdacht worden wären. W. liest erst später das eigene Leben und erkennt Zusammenhänge. Damals sind es Zufälle gewesen, Quersprünge. W. begründet die Fahrt nach Warschau mit dem Hinweis, sie müsse einem Freund, mit dem sie Schweizer Berge bestiegen hat und der mit wenig Gepäck in seine polnische Heimat zurückgekehrt ist, die Bergausrüstung für Tatra-Besteigungen bringen. Auf jeden Fall steht sie mit einem Paar Skiern auf dem Zürcher Flugplatz, um mit der ersten Gruppe westlicher Journalisten über Wien und Prag ins kriegszerstörte Polen zu gelangen. Es ist nicht alles gelogen, wenn auch mit kühnen Behauptungen das Visum ergattert wird; im Koffer sind viel Notizpapier und eine grosse Kamera, und dass W. mit dem Paar Skiern im Sommer auf dem Flugplatz von Kollegen ausgelacht wird, macht ihr nichts aus. Die Gruppe findet in improvisierten Schlafsälen einer Warschauer Unterkunft, die hastig für Parlamentsmitglieder errichtet worden ist, die ersten Zusammenkünfte des Seym haben kurz zuvor stattgefunden. Zu essen gibt's im Hotel Polonia, einem der wenigen Gebäude dieser Stadt, das Mauern hat, die stehen. Weil hier das Kommando der deutschen Wehrmacht kommandierte. Sonst: kein Stein auf dem andern. Ruinen, Trümmer an Trümmer, leer grinsende Fassaden. Die Stadt ist systematisch durch Feuer zerstört worden. Wo ist Warschau? Inschriften auf Plätzen, ungeschickt gemalt, pathetisch immer: «Ehre die an dieser Mauer erschossenen vierzig Helden.» Hier waren's vierzig, dort zehn, weiter weg elf Kinder, die nichts verraten wollten. Das Ghetto dem Erdboden gleichgemacht, Leichengeruch, noch sind die 200 000 während des letzten Aufstandes getöteten Menschen nicht ausgegraben.

W. rettet sich, als sie Wochen danach ihren Reisebericht schreiben will, in die Statistik. Wo fände sie Worte, Unbeschreibliches zu beschreiben? Vielleicht ist W. dorthin gefahren, wo die Zerstörungen eines sechs Jahre lang dauernden Krieges am grössten sind, um einzusehen, dass der Gott ihrer Kindheit, der gute Vater, den ihr die Kirche eingeredet hat, nicht existiert; wie hätte er so etwas zulassen können? An was soll sie sich halten, da die verkündigte himmlische Gerechtigkeit als pure Grausamkeit sich erweist? Inflation aller Werte, die sie zu lernen versucht hat.

Doch aus den Löchern, den Kellern, den ausgebrannten Unterschlüpfen strömen Menschen, die taumelnd sich dem Leben hingeben, sie singen: Warszawa ist nicht untergegangen, sie rezitieren aus Pan Tadeusz, ihrem Nationalepos, «das Vaterland ist wie Gesundheit», sie musizieren, sie tanzen. Sie wollen die Toten vergessen, die Russen, die Deutschen, sie haben den Untergrund durchgestanden, sie begrüssen die Gäste aus dem westlichen Europa überschwenglich, sie entschuldigen sich für den Zusammenbruch, sie hätten nur achtzehn Jahre lang Zeit gehabt, ihre Republik zu festigen, vor 1939, bis sie das erste Opfer des Überfalls geworden seien, mit dem deutschen Plan, total ausgerottet zu werden; uns Schweizern seien 655 Jahre geschenkt worden, einen Staat zu bilden. W. fällt bei dieser Bemerkung ein, dass das Erste, was ihre hohen Zeitungskollegen in der polnischen Zerstörung verlangten, eine Tasse Milchkaffee war. Nicht einmal das gibt's hier?, entsetzten sie sich.

Nun, jede und jeder rettet sich auf seine Weise. W. ist nach der offiziellen Reise noch im Land geblieben, sie will die Hilfsaktionen aus der Schweiz, aus Schweden, aus Dänemark kennenlernen, die Lastwagen mit Nahrung und Kleidern ins Land bringen, Kinder einsammeln, Häuser errichten. Die weitaus grösste Hilfe leistet die UNRRA, als Entgelt stehen ihre Büros nicht unter Zensur; das Kräftespiel Ost-West ist im Gang, das protestantische Amerika unterstützt die reaktionären Kräfte Polens, das heisst die Kirche, Hemden werden gegen Beichtzettel abgegeben. Die Händel der Welt in diesem Hotel Polonia. Vor dem Büro des tschechischen Konsuls, das zugleich dessen Schlafzimmer ist, von früh an eine Schlange Wartender, sie hoffen auf ein Durchreisevisum, jüdische Gesichter. Weg, fort aus diesem Polen.

Nichts versteht diese W., sie stellt die falschen Fragen. Sie will wissen, warum Kriege entstehen. Und wie sie zu verhindern seien. Bleib bei den Wörtern, dumme Person, greif nicht zu den Sternen, sie antworten nie. W. kennt damals die schwedische Königin Christina und ihre Gelehrsamkeit noch nicht, ist noch nicht in die Philosophien des 17. Jahrhunderts getaucht. Sie hält sich also an die Wörter, die sie mühsam zusammensucht, um die Zerstörung dieser Stadt Warschau, wie sie sie 1946 wahrnimmt, zu beschreiben.

Sie sieht nun aber auch ein, dass den Wörtern zunächst zu misstrauen ist, diesen Wörtern, an die sie bis jetzt geglaubt hat, die sie als Abwehr gegen den heranrollenden Krieg hat einsetzen wollen. Ein Flugblatt als Schild? Die erste Forderung ist das Misstrauen, so lernt sie jetzt. Die Wörter müssen gedreht und gewendet und von allen Seiten angeschaut werden, sie können täuschen, sie sind hinterlistig, sie können von üblen Menschen missbraucht werden als Befehle, sie werden auch zur Tötung ausgeschickt. Sie lassen sich zur Camouflage verführen.

Damals kennt W. den Wortlaut des Telegramms noch nicht, das der Leiter der Stroop-Truppen, einer Einheit der Deutschen Wehrmacht, am 8. Mai 1943 nach Berlin geschickt hat: «Das ehemalige jüdische Wohnviertel Warschaus besteht nicht mehr. Mit der Sprengung der Warschauer Synagoge wurde die Grossaktion um 20.15 beendet.» Grossaktion steht hier für Völkermord, der gehorsam, folgsam ausgeführt wurde.

Erst viel später, als, am Rande des früheren Ghettos, eine Erinnerungsstätte – einfache Marmorwände mit einigen nackten Angaben und einem Vers aus Hiobs Klagelied – errichtet wird an der Stelle, wo damals 500 000 Menschen abtransportiert wurden, um ins Gas geschickt zu werden, erfährt W., dass dieser Ort den Namen «Umschlagplatz» trug. Umgeschlagen werden zum Gastod?

[...]

Wie stand's mit dem Unterricht des Königskindes, welches waren seine Lektüren?

Es musste, um sich auf seinen späteren Beruf vorzubereiten, vor allem schwedische Geschichte studieren. Sprachen habe sie vor allem vom Hören gelernt und durch Konversation, dann auch durch Handbücher, berichtet die Schülerin später. Mit vierzehn habe sie alle Sprachen beherrscht, die man sie gelehrt habe. Auch Mathematik war ein Fach. Prägend jedoch war das Studium des Altertums. Die Fabeln des Äsop wurden gelesen, die Reden des Quintus Curtius Rufus, die Bücher des Livius, später Sallust und Cicero. Auszüge aus Sallust soll Christina auswendig gelernt und vorgetragen haben, zusammen mit ihrer Cousine Eleonora. Deklamationen kluger Mädchen im königlichen Schloss! Christinas Bewunderung für heroische Gestalten mit ihren stoischen Grundsätzen blieb und bekräftigte ihre herrschelige Haltung. Die Helden der kleinen Königin damals waren Alexander, Kyros, Caesar, Scipio. Sie identifizierte sich mit ihnen. Alexander der Grosse war ihr der Grösste. Mit Leidenschaft deklamierte sie die Ansprache Alexanders vor den Gesandten des Dareios.

Wie stand's aber mit der religiösen Erziehung des kleinen, des lernbegierigen Mädchens? Was wurde ihm beigebracht, ausser dass man von ihm verlangte, den lutherischen Katechismus zu zitieren und die Bücher Mose und die Psalmen Davids zu lesen? In dieser Frage folge ich den königlichen Memoiren.

Die Schreiberin selbst ist der Ansicht: «Wer der Erziehung die Kraft einer zweiten Natur zuschreibt, hat ihre Bedeutung für alle Menschen erkannt.» Und sie ist ihrem Vater tief dankbar, so sagt sie, dass er wunderbare Erzieher für sie ausgesucht hatte, nämlich weise Männer, die ihr imponierten. Als Hauslehrer für seine kleine Tochter hatte der König, vor seinem Weggang in den Dreissigjährigen Krieg, den Magister Johannes Matthiae bestimmt. Matthiae wurde später Bischof von

Strängnäs. Er sei, so Christina, ein Mann von guter Herkunft und Gemütsart gewesen, «gelehrt und höchst geeignet, das Kind, das ich damals war, zu unterrichten. Denn er war zuverlässig, gewissenhaft und mild, Eigenschaften, die ihn allgemein beliebt machten. Auch war er kein Pedant.»

Dann teilt Christina noch mit, dass Matthiae im Verdacht stand, eine starke Neigung zum Calvinismus zu haben. Er stand im Verdacht! Das nämlich war verwerflich, nicht hundertprozentig zum Luthertum zu stehen, damals in Schweden. Die Memoirenschreiberin fügt sofort hinzu: «Ich weiss nicht, ob man ihm damit unrecht tat, es wäre übrigens der einzige Fehler, den man ihm hätte vorhalten können; ob er calvinistisch oder lutherisch war, spielte kaum eine Rolle, da ich weder dies noch jenes werden sollte.»

Calvinistisch gesinnt sein – in Fehler im lutherischen Schweden? Auch hinterher, von Rom aus, schliesst sich die königliche Schreiberin, wohl ohne lange zu überlegen, der allgemein üblichen Meinung von damals an. Konfessionelle Gegensätze – und in diesem Fall Gegensätze innerhalb der protestantischen Kirche – können sie nicht mehr interessieren, haben sie vielleicht nie interessiert. Sie hat sich ja für die eine allumfassende katholische Kirche entschieden, die so weltumspannend ist wie ihr eigener Geist und die sie nicht einschränkt. Sie fühlt sich wohl in dieser Kirche, vielleicht weniger aus Frömmigkeit, sondern weil dieser Rahmen ihr die Möglichkeit verschafft, ihre eigenen kühnen philosophischen Gedanken zu entwickeln. Davon später.

Zuerst jedoch, warum Christina ihren Lehrer Matthiae ausführlich erwähnt. In einem fragmentarischen Nachtrag zur Autobiographie, datiert 1661, scheint es der königlichen Schreiberin wichtig, ein Erlebnis in ihrer religiösen Erziehung ausführlich zu erwähnen. Man stelle sich vor, wie es war: das Königskind in fürsorglicher Erziehung, die der Vater noch vor seinem Tod angeordnet hatte. Sehr zur Zufriedenheit des Töchterchens, wie Christina später immer wieder betonte. Damals war die Mutter nicht bei ihrem Kind. Sie war in Deutschland geblieben, um den Tod des grossen Gustav Adolf unablässig zu beweinen. Das Kind zu Hause betreut von einer Gouvernante, die seine Tante war. Es empfand einen grossen Respekt, ja, «Liebe» für sie. Doch nur schwer ertrug es eine Zurechtweisung. «Hochachtung fühlte ich nur für meinen Lehrer und meinen Gouverneur.» (Axel Baner war der vom königlichen Vater bestimmte Gouverneur. Er war Hofmarschall und ein äusserst versierter Hofmann, ein naher Freund und Vertrauter Gustav Adolfs. Über ihn bemerkt die kluge Schülerin noch, er sei ungebildet gewesen, er habe nur Schwedisch gesprochen.) Der Theologe Matthiae, der Gouverneur Baner, beide bezeichnet Christina als ihre ersten Lehrer. «Beide waren ausserordentlich rechtschaffene Menschen, und die Wertschätzung, die ich ihnen entgegenbrachte, liess mich ihre Verweise hinnehmen.» Beide waren für die Sechsjährige Autoritäten. Aber: «Wie überzeugt ich von ihrer Redlichkeit war, hegte ich doch Zweifel an ihren Erklärungen und musste selbst über alles nachdenken.»

Also keine *ringe* Schülerin, diese kleine Schwedin. Schon jetzt benahm sie sich wie eine Königin. Was man ja auch von ihr erwartete. Sie studierte mit ausserordentlicher Leichtigkeit. Sie schreibt von sich: «Ich war grenzenlos neugierig, wollte alles lernen, alles wissen.»

Jeden Sonntag besuchte sie die Predigt. Das war neben dem Schloss, wo sie wohnte, in der *storkyrka,* der grossen Kirche, dem Ort, wo sie später mit allem Glanz und Prunk gekrönt wurde. An einem bestimmten Sonntag wurde, in gut lutherischer Ordnung und Tradition, eine Predigt über das Jüngste Gericht gehalten. Die Schilderung der Endkatastrophe, genüsslich von der Kanzel herab geschildert, erfüllte das Kind Christina mit Schrecken. Es bildete sich ein, dass bald Himmel und Erde einstürzen und alles in ihrem Sturz begraben werde. Es weinte bitterlich, es war überzeugt, das nahe Ende stehe bevor. Es wandte sich, aufgewühlt, an seinen Lehrer Matthiae, fragte, warum er ihr nie von diesem fürchterlichen Tag erzählt habe. Und: «Wie wird es mir gehn, wenn er kommt? Wird es heute nacht geschehn?»

Der Lehrer lachte, versprach, das Kind werde ins Paradies kommen. «Doch um dorthin zu gelangen, muss man seinem Lehrer gehorchen. Du musst zu Gott beten und fleissig arbeiten.» So der gottfromme Pädagoge Johannes Matthiae. Die kleine Christina liess sich nicht so leicht abfertigen, die Antwort gab ihr zu denken. Sie dachte ein ganzes Jahr darüber nach, sie stellte Betrachtungen an.

[...]

ABER UNVERGLEICHLICHER ALS ALLE: AZZOLINO

Wir wissen ja – erkläre ich Marianne –, wie sich Kardinal Decio Azzolino beim Tod der Königin Christina benahm, nämlich auf eine Weise, wie nur ein Mensch handelt, der den andern, über dessen letzten Willen er sich hinwegsetzt, in seinen Tiefen erkannt hat. So jedenfalls verstehe ich die Weigerung des Kardinals, für Christina nicht ein einfaches Begräbnis anzuordnen, wie sie es gewünscht hatte, sondern ein pompöses, und sie nicht im Pantheon, sondern grossartig in St. Peter beisetzen zu lassen, wie es ihrem Rang und wohl auch ihrem Wesen entsprach.

Decio Azzolino war der engste Freund im Leben der Königin und steht auch für die lange Zeit, die sie in Rom verbracht hat.

Zunächst wieder einmal erzürnt darüber, wie damals von der Römer Umgebung und später von der grübelnden Nachwelt die Freundschaft zwischen der Königin und dem Kardinal unter die Lupe genommen und darüber getüftelt wurde, ob's eine Liebesgeschichte, sogar eine Bettgeschichte gewesen sei. Und dann wird gleich hinzugefügt, natürlich sei die heftige Christina in Azzolino verliebt gewesen, aber der Kardinal, ein schöner Mann, habe sich mit dieser schlecht gekleideten, dieser hässlichen Frau, die sich immer mehr vernachlässigte und schlecht roch, gewiss nicht intim eingelassen. (Damals duldeten offensichtlich die Moral, die Kirche, die Gesellschaft ohne weiteres, dass ein Prälat, sofern gut aussehend, sich Beischlaf leistete.)

Marianne lacht herzlich auf. Ihre Bemerkungen werden mir zeigen, dass sie bis hierher nicht nur genau aufgepasst und sich gemerkt hat, was ich ihr erzähle, sondern inzwischen auch eigene Recherchen gemacht, Biographien über die Königin gelesen – welche, verrät sie mir nicht – und sich nun wohl in den Kopf gesetzt hat, ihre eigenen Ansichten über unsere Königin durchzusetzen. Marianne findet es überflüssig, dass ich mich immer noch feministisch übers 17. Jahrhundert aufrege. Wir wissen ja nun, wie damals die Frauen eingeschätzt wurden, hör auf mit deinem Ärger, sagt sie. Und vermutet, ich nähme das Schimpfen vorweg, weil mir davor bange sei, das Benehmen der Königin gegenüber dem Kardinal Azzolino genau zu betrachten. Bezeichnete sie sich nicht mehrmals als die Sklavin des Mannes, den sie liebte, war sie nicht rasend eifersüchtig, wenn sie das Gefühl hatte, Azzolino beschäftige sich zu wenig mit ihr?, sagt Marianne und fährt fort: Ich denke, das passt dir nicht, dass eine Königin, die nicht geheiratet hat, weil sie nicht «zum Acker werden wollte für des Mannes Pflug», uns nun auf einmal ihre totale Abhängigkeit von diesem Kardinal vorlebt.

Sachte, Marianne, du ziehst deine Schlüsse zu rasch. Es stimmt zwar schon, das muss ich dir eingestehen, es macht mir Mühe, über die schwierigen Jahre der Königin in Rom zu berichten, ganz besonders deswegen, weil ich den Weggang der schwedischen Königin aus ihrem Vaterland nicht als Verzicht auf weltliche Macht, sondern als den grossartigen Aufbruch einer anspruchsvollen Philosophin, einer Weltpolitikerin zu neuen Horizonten beschrieben habe.

Ja, und du hast enthusiastisch den triumphalen Einzug Christinas in Rom geschildert, erinnert sich Marianne.

Der allerdings weniger mit der Person der schwedischen Königin zu tun hatte als mit der damaligen Zeit und mit der Wirkung ihrer Konversion. Und jetzt muss ich mich mit den Niederlagen unserer Königin beschäftigen und damit, dass es ihr nicht gelang, ihre ehrgeizigen Pläne zu verwirklichen. Das läuft mir ein wenig zuwider.

Wie ich dich kenne, wirst du für Christina auch aus ihren Niederlagen eine Erfüllung herauslesen, ermuntert mich Marianne.

Wer weiss, ob nicht gerade die Begegnung mit Decio Azzolino eine Erfüllung im Leben Christinas war? Und ihr mehr bedeutet hat als ein Thron in Neapel, als ein polnischer Thron, als eine Verwaltung ihrer Besitztümer in Norrköping? Die Königin wurde immer wieder wegen ihrer Geldsorgen dazu gezwungen, auf Stellensuche zu gehen, und das Regieren war ja ihr erlernter Beruf. Nur nannte man es damals nicht so.

Und doch behauptest du, sie sei eine politische Person gewesen?

Wir werden sehen. Auch eine Christina Vasa hat ein Recht, sich zu verändern, oder nicht?

Noch einmal die Anfänge in Rom nach dem triumphalen Einzug, der von der Kirche veranstaltet worden war. Und gleich anschliessend das Karnevalstreiben, an dem Christina derart Gefallen fand, dass es der Kirche zu viel wurde und sie es ihr verübelte. Allzu oft sass diese Konvertitin aus dem Norden auf ihrem Balkon an der Piazza San Marco, der heutigen Piazza Venezia, und zu sehr amüsierte sie sich über das bunte Treiben auf Platz und Strassen. Für Christina bedeutete es wohl die Fülle nach der Kargheit, das Heitere und Helle nach so viel Winter. Und seit der Ankunft in diesem Land der ersehnten Kultur erfuhr sie sich selber, vielleicht zum ersten Mal in ihrem Leben, als einen jungen Menschen.

Doch das Königin-Sein legte sie keinen Augenblick ab. Sie blieb die Herrscherin, die sie gewesen war, auch ohne Land und ohne Reich, zu sehr war sie davon überzeugt, dass die absolute Monarchie das einzig Richtige war, einen Staat zu führen. Deshalb war sie auch so begeistert von Kardinal Azzolino, welcher der führende Kopf der *squadrone volante* war, einer Gruppe von Kardinälen, die dafür arbeitete, die Macht des Papstes mit allen Mitteln zu unterstützen und auszubauen, und die bei einer Papstwahl entschlossen und raffiniert vorging. Da wird später die Königin eifrig mitmischeln, via Azzolino. (Sie wird 1669 nach dem Tod von Papst Clemens X. während des vier Monate dauernden Konklave sogar im Palast Azzolinos wohnen, damit sie ihrem Freund, der im Konklave eingesperrt ist, per Billetts leichter die notwendigen Informationen kann zukommen lassen.)

Vorläufig wohnte sie, nach dem dreitägigen Aufenthalt im «Turm der Winde», dann ein halbes Jahr im herrlichen Palazzo Farnese, nämlich bis zu ihrer ersten Reise nach Frankreich. Sie wird erst zwei Jahre später, nachdem sie zweimal in Paris und dazwischen in Pesaro gelebt hatte, in Rom Wohnsitz nehmen, und zwar für die Dauer eines Jahres, im Palast von Kardinal Mazarin, den er ihr zur Verfügung stellte, heute bekannt unter dem Namen Palazzo Rospigliosi. Von 1659 an bis zu ihrem Tod dann lebte Christina auf der andern Seite des Tibers, im Palazzo Riario, davon war ausführlich die Rede. Aber die Wohnstätten der Christina, nacheinander aufgezählt, geben einen Hinweis auf ihre barockkönigliche Lebensführung, auf den *train de vie* einer Abgedankten, aber selbstverständlich Anspruchsvollen. Immer war da ein Hofstaat, der Hofstaat einer Königin. Und wenn sie auf Geldsuche ging, mühsam nach Schweden reiste, weil ihre ihr zustehenden Einkünfte gestrichen worden waren, dann suchte sie Mittel, um diesen Hofstaat weiterführen zu können, ihre Sammelleidenschaft nicht aufgeben zu müssen, nachdem sie Schmuck, viele Diamanten und andere Kostbarkeiten bereits veräussert hatte. Sie war zudem bis ans Ende ihres Lebens eine grosszügige Gönnerin wissenschaftlicher Arbeiten, sie förderte die von ihr gegründete Akademie Arcadia, sie war selbst in der Forschung tätig mit ihren eigenen alchimistischen Versuchen.

Ist es möglich, sich die Empfänge im Palazzo Riario vorzustellen? Einer Einladung der schwedischen Königin folgte die ganze römische Gesellschaft, auf der Estrade hatten hundertfünfzig Musiker Platz genommen, um die Gäste zu unterhalten. Und wollte man den Mazarin-Palast, wo sie vorher gewohnt hatte, betreten, stiess man vor dem Palast und im Portal auf die Garde der Königin, das waren dreissig bis vierzig Wachleute mit Stahlhüten, bewaffnet mit Hellebarden, die den Namen «Svizzeri» trugen. Die hatten mit der Schweiz gar nichts zu tun, wahrscheinlich wurden sie in Analogie zur päpstlichen Schweizergarde so genannt oder wegen der Hellebarden, unserem Markenzeichen. Im Vorraum zum Palast paradierten Trabanten, die *lancie spezzate,* und der Mann, der den Befehl über die Garde führte, wurde mit *capitano* angesprochen.

Zum Alltag und zum Wohnen der Königin gehörte immer auch eine eigene Kapelle, im Palazzo Riario gleich neben ihrem Schlafzimmer, damit sie jeden Morgen die Messe besuchen konnte. Auch auf Reisen wurde jeweils alles so eingerichtet, dass täglich für die Königin die Messe gelesen und sie ihre Gebete sprechen konnte. (Sie tat dies in der Stille, obschon Papst Alexander VI. zu ihr gesagt hatte, es sei verdienstvoller, ein Ave Maria öffentlich zu beten als einen ganzen Rosenkranz im Geheimen. In Hinsicht ihrer Frömmigkeit war der römischen Kirche die Neuerwerbung aus dem Norden viel zu protestantisch erzogen.) Als der Königin auf ihrer zweiten Reise nach Schweden in Norrköping dann verboten wurde, sich vom eigenen Priester die Messe lesen zu lassen, als ihr also von ihren Landsleuten untersagt wurde, ihre eigene Konfession auszuüben, da erzürnte sie sehr, kehrte um und betrat ihre Heimat nie wieder.

Wie die mit Waffen ausgerüsteten Wachen, wie der eigene Priester zum Hofstaat der Christina gehörten, so gehörten auch die Sekretäre dazu. Das wäre heute das Büro, eher die Kanzlei des hofstaatlichen Betriebes, und heute wäre sie ausgerüstet mit Computer und Fax. Es sollen viele Sekretäre gewesen sein; die waren ständig und täglich voll im Einsatz, besorgten den gewaltigen Briefwechsel ihrer Chefin, schrieben nach deren mündlichen Angaben, legten vor, wurden kritisiert oder gelobt, schrieben neu, schrieben um. Sie mussten für die Königin auch Kopien herstellen, zum Beispiel die «Maximes» von La Rochefoucauld auf grosse Bogen abschreiben, damit Christina ihre Bemerkungen hineinschreiben konnte, denn sie redigierte die Gedanken des Philosophen nach ihren eigenen Vorstellungen. Diese von den Sekretären hergestellten Urkunden oder Originale nannte man damals «minutes».

So wie Christina ihr Leben lang eine unermüdliche Arbeiterin blieb, so war sie auch eine unermüdliche Briefschreiberin, und man bedenke, dass jedes Schriftstück wegen der Korrekturen zwei- bis dreimal geschrieben werden musste, die letzte Fassung zweimal, denn eine Kopie kam ins Archiv.

Zu unserm Vorteil telefonierte man sich damals noch nicht, sondern tauschte Notizen aus und schrieb sich Briefe; nur deswegen können wir etwas erfahren über die Beziehung zwischen der Königin und dem Kardinal. Der Kardinal schrieb Christina immer auf Italienisch und redete sie an mit *Carissima*. Die Königin schrieb immer auf Französisch – sie schrieb in der im 17. Jahrhundert üblichen Schreibweise, manchmal aber auch in ihrer persönlich gefärbten Orthographie, denn im Schreiben war sie sehr kapriziös. Ihre Anrede für Decio Azzolino war *Mon cousin*, sie redete ihn aber oft auch mit *Votre Emminence* an. *Mon cousin* war damals keine besonders intime Bezeichnung, sie entsprach den Konventionen und bedeutete wohl so viel wie *cher ami*. Schrieb Königin Christina dem König von Frankreich, Ludwig XIV., redete sie ihn mit *Monsieur mon Frère* an und unterschrieb mit *Votre très affectionnée Soeur et amie*. Und der König seinerseits betitelte Christina mit *Madame ma Soeur* und unterschrieb mit *Votre bon Frère, Louis*. Das war königlich korrekt anno 1662.

In ihrem Testament hatte Christina angeordnet, dass unmittelbar nach ihrem Tod ihre Sekretäre alle Schriften, welche ihre Rechte, ihre Ansprüche und ihre finanziellen Forderungen betrafen, ihrem Testamentsvollstrecker Kardinal Azzolino auszuhändigen hätten und dass ebenso rasch alle Sorten Texte, die sich noch in der Kanzlei befanden, vernichtet werden müssten. Azzolino gegenüber hatte sie nie den geringsten Vorbehalt, hatte kein einziges Geheimnis vor ihm. Und Azzolino vernichtete in den 52 Tagen, um die er seine verehrte Freundin überlebte, mit grösstem Respekt die Korrespondenz, jedenfalls die freundschaftlichen, die sehr spontanen Billetts, die ihm Christina übermittelt hatte; auch viele Briefe Christinas waren später nicht mehr auffindbar. Arckenholtz übernahm einige in sein vierbändiges Werk «Memoires concernant Christine, reine de Suède pour servir d'éclaircissement à l'histoire de son règne et principalement de sa vie privée, et aux évènements de son temps civile et littéraire», das zwischen 1751 und 1760 erschien, schrieb aber das eigenwillige Französisch der Königin in ein korrektes um. Ein Jahrhundert später entdeckte Carl Bildt, Minister Schwedens und Norwegens in Rom, in der Villa der Familie Azzolino in Empoli-Vecchio Dokumente, welche der Kardinal nicht vernichtet hatte, weil er nicht mehr dazu gekommen war. Le Baron de Bildt, wie sich der Minister nannte, wählte aus, veränderte nichts – auch nicht die Orthographie, wie das Arckenholtz getan hatte –, schrieb eine Einleitung, in der er sorgfältig die Beziehung zwischen der Königin und dem Kardinal kommentierte. Er gab die «Lettres inédites» (1666–1668) im Jahre 1899 in der Librairie Pion in Paris heraus. Zwei Radierungen der Briefschreibenden schmücken die Ausgabe und das Faksimile eines Briefes Christinas; zum ersten Mal sah ich hier die Handschrift der Königin, ihre fliegenden Wörter quer übers ganze Blatt, die Linien senken sich ein wenig nach rechts hinunter, aber da ist etwas von der ungestümen Freude herauszuspüren, keine Hemmung, keine Zurückhaltung gegenüber dem Empfänger, Offenheit und Vertrauen, eilende Hinwendung.

Wer war dieser Decio Azzolino?

Als Christina Decio Azzolino in Rom kennenlernte, war dieser 33 Jahre alt, knapp drei Jahre älter als sie, ein hochgebildeter Mensch, den Papst Innozenz X. kurz vor seinem Tod noch zum Kardinal ernannt hatte und dem eine noch steilere Karriere vorausgesagt wurde. (Die Möglichkeit, dass er Papst würde, war voraussehbar, und Christina würde später selber mitwirken, ihn zu einem ernsthaften Kandidaten zu machen.) Azzolino stammte aus einer Familie in den Marche, die zum Provinzadel gehörte. Beim Vatikan hatte er sich durch seine Fähigkeiten in der Administration hervorgetan. Er bestach die Umgebung durch seine grosse Leichtigkeit, sich mündlich und schriftlich auszudrücken. Er soll einen logisch klaren, eleganten Stil geschrieben haben, ohne jemals zu übertreiben, wie es damals Mode war. Mit grösster Leichtigkeit konnte er Gedichte verfassen, er interessierte sich gleichermassen für die Künste wie für die Wissenschaften, auch für die Naturwissenschaften und die Technik, er bearbeitete beispielsweise ein Projekt, den Tiber schiffbar zu machen. Die Natur habe bei ihm nichts ausgelassen, wurde von ihm gesagt, und er beherrschte die grösste aller Künste: Er wusste zu gefallen. Nicht verwunderlich, dass die aus dem Norden hergereiste Christina, die in Rom die katholische, die barocke, die Welt überhaupt kennenlernen wollte, von der Erscheinung dieses Decio Azzolino bezaubert war. Sie empfing ihn zunächst gesellschaftlich, sehr bald hatten sie aber geschäftliche Beziehungen, denn der Vatikan beauftragte den jungen Kardinal, etwas Ordnung in den verschwenderischen Haushalt der schwedischen Königin zu bringen, bei ihr nach dem Rechten zu sehen.

Es war eine Begegnung für Christina, eine Begegnung für Decio Azzolino, sie waren sich gewachsen, sie bewegten sich auf den gleichen Ebenen. Und bald entdeckten sie, dass gleiche politische Interessen sie verbanden. Beide trieben ihre verwegenen Machtspiele, der Kardinal als führender Kopf der *squadrone volante,* die schwedische Königin als überzeugte Monarchin, die zwar ihren Job aufgegeben hatte, aber einen neuen, gleichwertigen in Neapel, in Polen, später in Böhmen suchte und geschickt anstrebte. Beide waren sie auf dem politischen Parkett gerissen, raffiniert, intrigant vielleicht auch. Und dann diese unbedingte Bevorzugung aller Künste und die Gönnertätigkeit für die Wissenschaften. Und vielleicht verband sie auch dieselbe Religiosität, besser, dieselbe Philosophie. Mit der Zeit wuchs das gegenseitige Vertrauen. Von Christina weiss man sicher, dass sie keinem andern Menschen gegenüber eine so grosse Offenheit gezeigt hat. Und mit den fortschreitenden Jahren und den für Christina immer grösser werdenden Schwierigkeiten, die sie nur mit Azzolino teilen konnte, entstand eine Abhängigkeit Christinas von ihrem grossen Freund, ihrem Berater in allen Dingen der Welt und des Himmels. Da wir nie ihren Gesprächen lauschen können, Gesprächen von gleich zu gleich, entdecken wir diese Abhängigkeit in den Briefen, die Christina schrieb, wenn sie auf Reisen und fern von Rom und ihrem ihr so nahen Menschen war. Sie unterschrieb zwar immer der damaligen Gewohnheit entsprechend, sie unterschrieb königlich stolz, aber es hat etwas Rührendes, ihre Unterschrift auf dem langen Schreiben an ihren «cousin» zu lesen: «Votre plus affectionnée et obligée cousine et amie Christine Alexandra.» Und seine Anrede «carissima» hat sie vielleicht in Hamburg geküsst, so wie sie, als sie zum ersten Mal von Rom nach Frankreich reiste, sich nicht scheute, unter Tränen sein Medaillon hervorzuziehen und zu küssen. Eifersucht? Aber gewiss. Christina Vasa wollte immer die Einzige sein, die Einzige auch bei Decio Azzolino.

Zuerst hatten sie in ihren Briefen Höflichkeiten ausgetauscht, gegenseitige Ehrerbietungen angeboten, damals war das Wort dafür «Civilités», und die Königin betonte von Anfang an, dass Seine Eminenz der einzige Mensch sei, der sie und ihr Vertrauen verdiene. Und nach 19 Jahren des mündlichen und schriftlichen Austausches bekannte Christina gegenüber Dritten, der Kardinal sei ein göttlicher, ein unvergleichlicher Mann, und fuhr fort: «Er ist mir lieber als mein Leben; er vermag alles bei mir.»

Azzolino war also immer für sie da, ihre gegenseitige Nähe wuchs, und Azzolino wird nach 35 Jahren der Freundschaft drei Tage und drei Nächte an ihrem Sterbebett wachen.

Als Christina im Juli 1660 von Rom nach Hamburg reiste, im Oktober weiter nach Stockholm, wo sie bis im Mai 1661 blieb, kehrte sie wieder, unverrichteter Dinge, von Schweden nach Hamburg zurück und wohnte dort während eines ganzen Jahres. Es war in jeder Hinsicht ein schwieriges Jahr für sie, und sie wurde melancholisch. Täglich schrieb sie Azzolino. (Wie lange brauchte ein Kurier bis Rom, wie lange zurück nach Hamburg mit der Antwort Azzolinos?) Dieser Briefwechsel ist zu einem grossen Teil zugänglich, daraus ist zu lesen, welche Sorgen Christina damals hatte, und es ist viel darüber zu erfahren, wie intensiv, wie lebhaft, wie vertrauensvoll die Beziehung zwischen der Königin und dem Kardinal war. Da waren zuerst die Enttäuschungen über die Reise nach Schweden, die Einsicht, dass sie sich dort nie mehr würde niederlassen können. (Sie war ständig auf Arbeits- und Geldsuche.) Sie hatte sich auch für eine Herrscherinnenrolle in Bremen umgesehen, daraus wurde aber nichts. Sie fing nun an, sich für den polnischen Thron zu interessieren. Alle diese Ereignisse und Machenschaften, welche ihre politische Zukunft betreffen, besprach sie schriftlich mit dem Freund in Rom. Dieser ging auf alles und jedes ein, liess sich auch einiges einfallen, wie sie ihre Melancholie bekämpfen könnte, es wäre dies dringend, schrieb Azzolino. Da waren aber auch die grossen Themen, die Weltthemen, welche die beiden gleicherweise bewegten. Nicht nur, dass beide alchimistische Versuche machten, der Schwarzen Kunst anhingen, sie trafen sich auch in ihren millenaristischen Spekulationen. Sie hofften gleicherweise, dass ein bald kommendes, ein drittes Reich des Geistes unter einem christlichen König die Einigung des zerrissenen Europas herbeifuhren würde, beide litten sie unter der Trennung der katholischen und der protestantischen Kirche, beide sahen sie eine noch grössere Gefahr für das Christentum im Einbruch der Kosaken und Tataren in Polen, von den Türken angestiftet – was für eine fatale Entwicklung für Europa. Es blieben die millenaristischen Hoffnungen.

Zwischen Christina Vasa und Decio Azzolino eine grossartige, 33 Jahre dauernde Geschichte, also eine *love affair* mit Stil.

WIE ES WAR – WAR ES SO?*

BIOGRAFISCHE NOTIZEN

1913 20. 6.: Laure-Elisabeth Wyss, geboren in Biel als zweites Kind von Werner Wyss, bernischer Notar, aus Mirchel im Amt Konolfingen und Biel, und der Anna Bertha geborene Uhlmann. Wohnort: im Pasquart in Biel.

1916–1918: in Magglingen wohnend. Herrliche Kinderzeiten.

1918–1926 wohnen wir in Biel, an der Dufourstrasse 140.

1932 Matura

1932, Oktober: eingeschrieben für ein Semester an der Universite de Paris, Faculte des lettres (und am College de France bei Prof. Bedier) für französische Literatur. Gleichzeitig Kurse am angegliederten Institut de Phonétique, als Abschluss ein «Certificat d'études pratiques de prononciation française». Examen März 1933.

1933 Sommer. Praktikum im väterlichen Notariat an der Kanalgasse in Biel.

1933 Herbst – Oktober 1936. Immatrikulation an der Uni Zürich. Studium phil. I. mit Unterbrüchen, Deutsch und Französisch. (Dozenten: Emil Ermatinger, Theophil Spoerri. Ergiebiger, handfester die Linguistik bei Jakob Jud und Rudolf Hotzenköcherle. Pädagogik: Stettbacher, Philosophie: Grisebach. Am Poly lehrt M. Clerc. Aus Interesse: Russisch-Sprachkurs bei Leontieff, Theologie bei Emil Brunner, Kunstgeschichte bei Gantner.) Als Abschluss – vorzeitig wegen Heirat ins Ausland – (und um dem Vater ein Schlussexamen vorzuweisen) «Patent als Fachlehrer auf der Sekundarschulstufe in den Fächern Französisch und Deutsch». Praktikum im Milchbuckschulhaus.

1934/35 Wintersemester in Berlin, Humboldt Universität. Vorlesungen beim Philosophen Spranger und Hölderlin-Vorlesung bei Romano Guardini. Ich fürchte einen Krieg.

1935 Sommer. Keine Testate im Testatheft. Es ist nicht herauszufinden, wo ich in dieser Zeit war, was ich tat oder nicht tat.

1937 Februar: Eheschliessung in Biel mit dipl. Arch. E. Z , der seit einem Jahr in Stockholm arbeitet.

1937–1942 Stockholm.

1942: Rückkehr in die Schweiz mit dem Ehemann Z., der zuerst auf einem Architekturbüro in Basel Arbeit findet, dann in Davos.

1945: Scheidung von E. Z.

1945–1948: Arbeit als Redaktorin beim Schweizerischen Evangelischen Pressedienst an der Stampfenbachstrasse bei Dr. Arthur Frey.

1946 und 1947 vom Evangelischen Pressedienst zwei Polenreisen ergattert.

Mitte 1948 verlasse ich, wegen Schwangerschaft, meine Stelle beim EPD und verbringe einige Monate in England (Dorset und Cornwall) als Haushalthilfe und Kindermädchen.

1949 Februar, Geburt eines Kindes. Von jetzt an freier Journalismus für verschiedene Tageszeitungen, Zeilenhonorar.

1950–1962: Redaktorin beim «Luzerner Tagblatt» (wird als Halbtagesstelle eingestuft), um eine wöchentlich erscheinende vierseitige Frauen- und Kinderbeilage zu machen, die als Kopfblatt von Luzern aus, matriziert, vier anderen freisinnigen Tageszeitungen beigelegt wird («Aargauer Tagblatt», «Schaffhauser Nachrichten», «Zürichsee-Zeitung», «Glarner Nachrichten»).

1958–1967 freie Mitarbeiterin, Redaktorin, Programmgestalterin, Präsentatorin beim Schweizer Fernsehen, ohne Vertrag, was mir grösste Freiheiten gibt. Aufbau eines Frauenressorts, dem «Magazin der Frau».

1962–1967 zusätzlich die Sendung «Unter Uns», Sozialreportagen. Im ganzen etwa hundert Live Sendungen auf die Beine gestellt.

Ab Ende 1962 Redaktorin beim «Tages-Anzeiger», zuerst zu 75 Prozent angestellt, zeichnend für den 2. Bund «Leben heute» der Sonntagsausgabe des Tagi, genannt «TA 7», und für das «Extrablatt für die Jungen».
Ab 1969 Vorbereitung eines Magazins des «Tages-Anzeigers», des TAM.
1970 Intensive Redaktionsarbeit mit den Kollegen Peter Frey und Hugo Leber, vom Verlag die Möglichkeit, neue Ideen zu entwickeln und die besten Schreiber für das Magazin zu interessieren. Februar: Die erste TAM-Nummer erscheint.
1975 Pensionierung als zeichnende Redaktorin.
1975–78 zur Aufbesserung der Rente redaktionelle Mitarbeit beim TAM, Reportagen geschrieben, z.B. «Kind und Stadt», «Endstation Worben» etc.
1978–79 Betreuung der Rubrik «Journal» im TAM.
1979 Schluss der Mitarbeit am «Tages-Anzeiger».
1976–96: Zehn Buchpublikationen, diverse Veröffentlichungen in Anthologien und Zeitungen.

Am 21. August 2002 ist Laure Wyss in ihrer Wohnung an der Winkelwiese in Zürich verstorben.

---

* gekürzte Version der «Notizen», die Laure Wyss 1996 verfasst hat für das Buch: Corina Caduff (Hg.), *Laure Wyss: Schriftstellerin und Journalistin*. Mit Beiträgen von Gret Haller, Regula Stähli, Tobias Kästli, Lothar Baier, Monica Nagler, Beatrice von Matt, Corina Caduff, Hugo Loetscher, Irena Sgier, Elsbeth Pulver und Ansprachen von Niklaus Meienberg, Josef Estermann, Adolf Muschg, Heiner Spiess, Ingeborg Kaiser, Madeleine Gustafsson, Sabine Weng-Ching Wang. Limmat Verlag, Zürich 1996. Die ungekürzte Version ist zu finden unter: www.limmatverlag

PUBLIKATIONEN VON LAURE WYSS

Frauen erzählen ihr Leben. 14 Protokolle. Aufgezeichnet von Laure Wyss. Nachwort von Lilian Uchtenhagen. Huber-Verlag, Frauenfeld 1976 (1981 unter dem Titel «An einem Ort muss man anfangen. Frauen-Protokolle aus der Schweiz» im Luchterhand-Verlag, Darmstadt/Neuwied erschienen)
Mutters Geburtstag. Notizen zu einer Reise und Nachdenken über A. Ein Bericht. Huber-Verlag, Frauenfeld 1978, Limmat Verlag, Zürich 1990, 1995 und 2004. 1982 in französischer Sprache erschienen: *L'anniversaire de Maman.* Roman. Traduit de l'allemand par Gilbert Musy. Editions de l'Aire et Ex Libris, Lausanne)
Ein schwebendes Verfahren. Mutmassungen über die Hintergründe einer Familientragödie. Mit einem Beitrag des Strafverteidigers Bernhard Gehrig. Kindler-Verlag, München 1981
Das rote Haus. Roman. Huber-Verlag, Frauenfeld 1982, Limmat Verlag, Zürich 1992
Tag der Verlorenheit. Erzählungen. Huber-Verlag, Frauenfeld 1984
Liebe Livia. Veras Tagebuch von Januar bis Dezember. Limmat Verlag, Zürich 1985
Was wir nicht sehen wollen, sehen wir nicht. Journalistische Texte, hg. v. Elisabeth Fröhlich. Limmat Verlag, Zürich 1987
Das blaue Kleid und andere Geschichten. Limmat Verlag, Zürich 1989
Lascar. Mit Tuschzeichnungen von Klaus Born. Limmat Verlag, Zürich 1994
Weggehen ehe das Meer zufriert. Fragmente zu Königin Christina von Schweden. Limmat Verlag, Zürich 1994 (2001 in französischer Sprache erschienen: *Avant que la mer ne se fige.* Fragments sur la reine Christine de Suède. Texte français: Anne Cuneo. Bernard Campiche Éditeur, Orbe)
Briefe nach Feuerland. Wahrnehmungen zur Schweiz in Europa. Limmat Verlag, Zürich 1997
Rascal. Mit Kohlezeichnungen von Klaus Born. Limmat Verlag, Zürich 1999
Schuhwerk im Kopf und andere Geschichten. Limmat Verlag, Zürich 2000
Protokoll einer Stunde über das Alter. Moritz Leuenberger im Gespräch mit Laure Wyss. Limmat Verlag, Zürich 2002
Wahrnehmungen, hg. v. Tobias Kaestli und Hans Baumann. Limmat Verlag, Zürich 2003

ZU LAURE WYSS

Barbara Kopp, *Laure Wyss.* Leidenschaften einer Unangepassten. Limmat Verlag, Zürich 2013
Laure Wyss: Ein Schreibleben. Porträt von Ernst Buchmüller (1999, DVD), Limmat Verlag, Zürich 2013
Laure Wyss: Schriftstellerin und Journalistin, hg. v. Corina Caduff. Mit Beiträgen u.a. von Gret Haller, Beatrice von Matt, Elsbeth Pulver, Tobias Kästli, Lothar Baier, Hugo Loetscher. Ansprachen für Laure Wyss von Niklaus Meienberg, Josef Estermann, Adolf Muschg und Heiner Spiess. Sowie «Biographische Notizen» von Laure Wyss. Limmat Verlag, Zürich 1996
Laure Wyss. Quarto. Beiträge von Elsbeth Pulver, Heinz F. Schafroth, Ernst Buchmüller, Thomas Feitknecht, Laure Wyss und Franziska Kolp. Zeitschrift des Schweizerischen Literaturarchivs (SLA), Bern 12/1999

NACHWEIS

... neben dem Durstenden in der Wüste 1, in: *Rascal*, 11–13
Das innere Leuchten der Madame G., *unveröffentlicht*
Das Käuzchen ruft, in: *Rascal*, 58
Das ist ein Sommerlied ..., in: *Rascal*, 81–82
Das ist eine lange Geschichte, in: *Tag der Verlorenheit*, 46–86
Der Sonntag, in: *Lascar*, 17
Der Tod, in: *Lascar*, 61
Der Geburtstag des Kindes, in: *Mutters Geburtstag*, 133–137
Der Zahnstocher – eine Feriengeschichte, *unveröffentlicht*
Dezember zu Hause, in: *Rascal*, 38
Die Verweigerung, in: *Schuhwerk im Kopf*, 27–29
Die Tiefgarage, in: *Das rote Haus*, 92–103
Ein Sonntag in San Tommaso, *unveröffentlicht*
Einbruch in den Juni, in: *Schuhwerk im Kopf*, 47–61
Eine Frau, ein Mann, ein Hund, Erstveröffentlichung in: «35-Zeilen-Geschichten», Werd Verlag, Zürich 1989
Eine Liebesgeschichte, in: *Das rote Haus*, 67–74
Es muss doch irgendwie weitergehen, in: *Ein schwebendes Verfahren*, 93–105
Es war ein Freitag, ein 19. September, in: *Das blaue Kleid*, 83–90
Ich ging den Weg hinunter, an den Kirschbäumen vorbei ..., in: *Rascal*, 37
Keine Erinnerung – nichts, in: *Wahrnehmungen*, 51–60
Königin Barbara, in: *Schuhwerk im Kopf*, 35–40
Meiner lieben Katze, in: *Lascar*, 18–19
Schuhwerk im Kopf, in: *Schuhwerk im Kopf*, 41–46
Seeland und das End der Welt, in: *Mutters Geburtstag*, 25–31
Tante Marthe – Ein Leben, in: *Das blaue Kleid*, 131–147
Und immer die Garonne, in: *Lascar*, 7–8
Und Schweigen legte sich auf Platz und Dorf, in: *Wahrnehmungen*, 35–49
Uniquement pour Clément, in: *Das blaue Kleid*, 31–41
Weggehen ehe das Meer zufriert, in: *Weggehen ehe das Meer zufriert*, 90–97, 108–111, 178–189